Impressum
Verlag: BABADADA GmbH, Nedderfeld 112 , 22529 Hamburg
Geschäftsführer / Verlagsleitung: Harald Hof
Druck: Books on Demand GmbH, In de Tarpen 42, 22848 Norderstedt

Imprint
Publisher: BABADADA GmbH, Nedderfeld 112 , 22529 Hamburg, Germany
Managing Director / Publishing direction: Harald Hof
Print: Books on Demand GmbH, In de Tarpen 42, 22848 Norderstedt

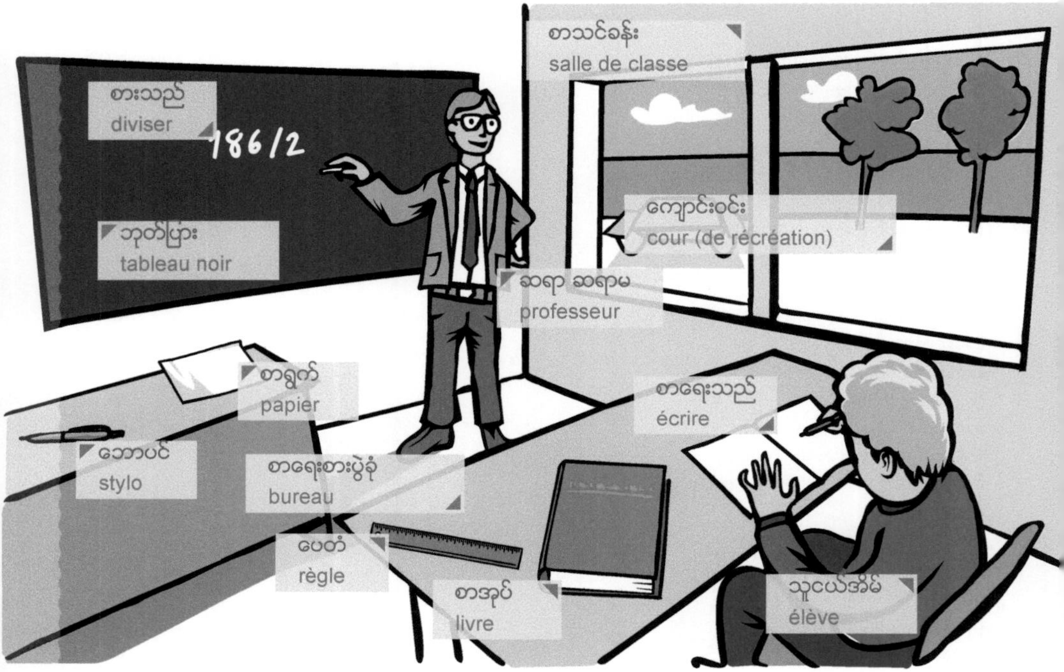

စာသင်ခန်း
salle de classe

စားသည်
diviser

186/2

ဘုတ်ပြား
tableau noir

ကျောင်းဝင်း
cour (de récréation)

ဆရာ ဆရာမ
professeur

စာရွက်
papier

စာရေးသည်
écrire

ဘောပင်
stylo

စာရေးစားပွဲခုံ
bureau

ပေတံ
règle

စာအုပ်
livre

သူငယ်အိမ်
élève

အဖုံးပါ ဘေးလွယ်အိတ်
cartable

ခဲတံဖူး
trousse

ခဲတံ
crayon

ချွန်စက်
taille-crayon

ခဲဖျက်
gomme

ပုံဆွဲစာအုပ်
carnet à dessin

ပုံဆွဲခြင်း

dessin

ဆေးခြယ်သည့် စုပ်တံ

pinceau

အရောင်စုံ ဘူး

boîte de peinture

ကပ်ကြေး

ciseaux

ကော်

colle

လေ့ကျင့်ခန်းစာအုပ်

cahier d'exercices

အိမ်စာ

devoirs

**12**

နံပါတ်

chiffre

**2+2**

ပေါင်းသည်

additionner

**5-2**

နုတ်သည်

soustraire

**2×2**

မြှောက်သည်

multiplier

တွက်ပါ

calculer

**A**

စာ

lettre

**ABCDEFG HIJKLMN OPQRSTU VWXYZ**

အက္ခရာ

alphabet

**hello**

စကားလုံး

mot

ကျောင်း - école

ဖတ်စာအုပ်

texte

ဖတ်သည်

lire

မြေဖြူ

craie

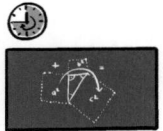

သခန်းစာ

leçon

ကျောင်းခေါ် ချိန်
မှတ်တမ်းစာအုပ်

livre de classe

စာမေးပွဲ

examen

အထောက်အထားလက်မှတ်

certificat

ကျောင်းဝတ်စုံ

uniforme scolaire

ပညာရေး

formation

စွယ်စုံကျမ်း

lexique

တက္ကသိုလ်

université

အနုကြည့်မှန်ပြောင်း

microscope

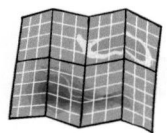

မြေပုံ

carte

အမှိုက်စက္ကူပုံး

corbeille à papier

ဟိုတယ်
hôtel

Grand

ဘော်ဒါဆောင်
auberge

ROOMS

ငွေလဲဌာန
bureau de change

ÉCHANGE

ခရီးဆောင်အိတ်
valise

ကား
voiture

ဘာသာစကား
langue

မှန် / မှား
oui / non

အိုကေ
d'accord

ဟယ်လို
Salut

ဘာသာပြန်
interprète

ကျေးဇူးတင်ပါတယ်
merci

......က ဘယ်လောက်လဲ။

Combien coûte...?

ကျွန်ုပ် နားမလည်ဘူး

Je ne comprends pas

ပြဿနာ

problème

မင်္ဂလာ ညနေခင်းပါ။

Bonsoir !

မင်္ဂလာ နံနက်ခင်းပါ။

Bonjour !

မင်္ဂလာ ညပါ။

Bonne nuit !

ဘိုင်းဘိုင်

Au revoir

ဦးတည်ရာ

direction

ခရီးဆောင်သေတ္တာ

bagages

အိတ်

sac

ကျောပိုးအိတ်

sac-à-dos

ဧည့်သည်

hôte

အခန်း

pièce

တစ်ကိုယ်စာအိပ်ယာလိပ်

sac de couchage

ရွက်ထည်တဲ

tente

ခရီးသွားည်သည်အတွက်
သတင်းအချက်အလက်

office de tourisme

ကမ်းခြေ

plage

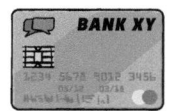

အကြွေးဝယ်ကတ်

carte de crédit

နံက်စာ

petit-déjeuner

နေ့လည်စာ

déjeuner

ညစာ

dîner

လက်မှတ်

billet

ဓာတ်လှေကား

ascenseur

တံဆိပ်ခေါင်း

timbre

နယ်စပ်

frontière

အခွန်များ

douane

သံရုံး

ambassade

ဗီဇာ

visa

နိုင်ငံကူးလက်မှတ်

passeport

# သယ်ယူပို့ဆောင်ရေး

## transport

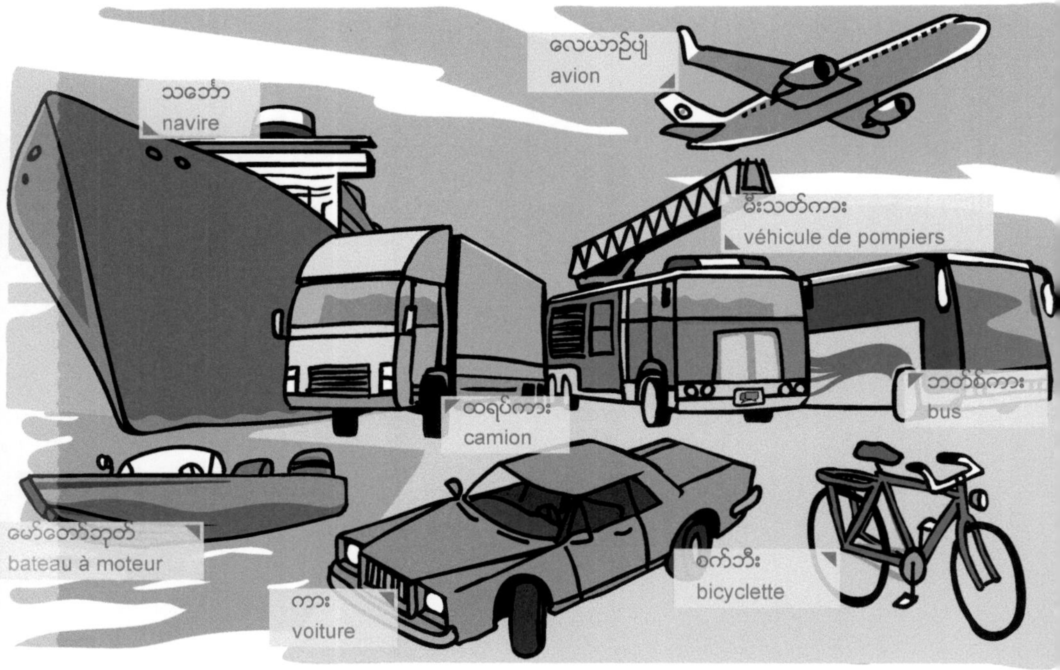

လေယာဉ်ပျံ
avion
သင်္ဘော
navire
မီးသတ်ကား
véhicule de pompiers
ဘတ်စ်ကား
bus
ထရပ်ကား
camion
မော်တော်ဘုတ်
bateau à moteur
စက်ဘီး
bicyclette
ကား
voiture


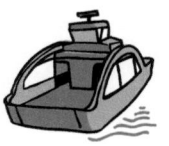

ဖယ်ရီသင်္ဘော

ferry

လှေ

barque

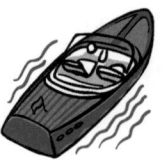

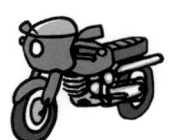

မော်တော်ဆိုက်ကယ်

moto

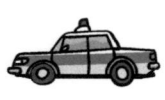

ရဲကား

voiture de police

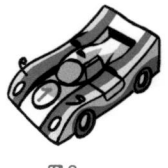

ပြိုင်ကား

voiture de course

စင်းလုံးငှားကား

voiture de location

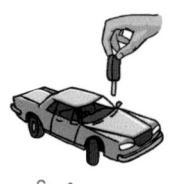

ကားဝေမျှသုံးစွဲခြင်း

auto-partage

ပျက်နေသော ထရပ်ကား

voiture de remorquage

အမှိုက်သယ်ယာဉ်

benne à ordures

မော်တာ

moteur

လောင်စာ

essence

ဓာတ်ဆီဆိုင်

station d'essence

လမ်းကြောပြ ဆိုင်းဘုတ်

panneau indicateur

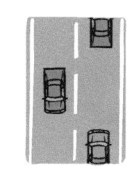

ယာဉ်အသွားအလာ

trafic

လမ်းကြောပိတ်ဆို့မှု

embouteillage

ကားရပ်နားရာနေရာ

parking

ရထားဘူတာရုံ

gare

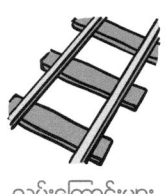

လမ်းကြောင်းများ

rails

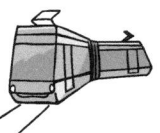

ရထား

train

ဓာတ်ရထား

tramway

ရထားလုံး

wagon

ဟယ်လီကော်ပီတာ

hélicoptère

လေဆိပ်

aéroport

တာဝါ

tour

ခရီးသည်

passager

ထည့်စရာပုံး

conteneur

ကတ်ထူပုံး

carton

လှည်း

chariot

ခြင်း

corbeille

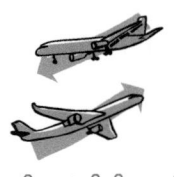

ထွက်ခွာ / ဆိုက်ရောက်

décoller / atterrir

## မြို့တော်

## ville

ကျေးရွာ

village

မြို့လယ်ခေါင်

centre-ville

အိမ်

maison

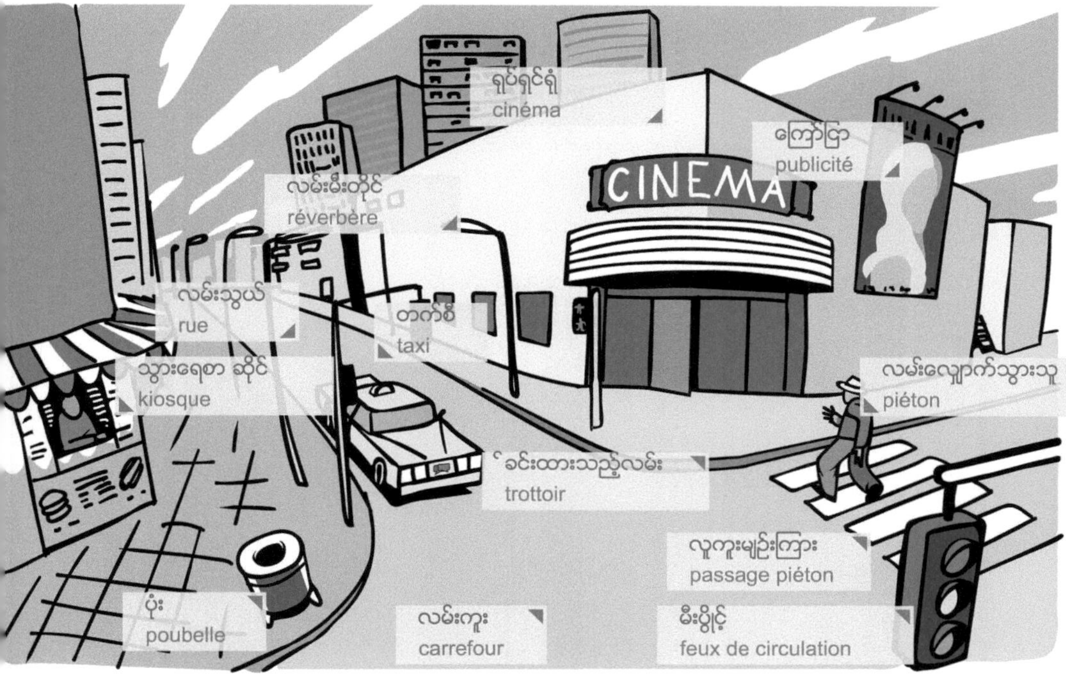

ရုပ်ရှင်ရုံ
cinéma

ကြော်ငြာ
publicité

လမ်းမီးတိုင်
réverbère

CINEMA

လမ်းသွယ်
rue

တက္ကစီ
taxi

သွားရေစာ ဆိုင်
kiosque

လမ်းလျှောက်သွားသူ
piéton

ခင်းထားသည့်လမ်း
trottoir

လူကူးမျဉ်းကြား
passage piéton

ပုံး
poubelle

လမ်းကူး
carrefour

မီးပွိုင့်
feux de circulation

တဲအိမ်
cabane

နေအိမ်ခန်း
appartement

ရထားဘူတာရုံ
gare

မြို့တော်ခန်းမ
mairie

ပြတိုက်
musée

ကျောင်း
école

တက္ကသိုလ်

université

ဘဏ်

banque

ဆေးရုံ

hôpital

ဟိုတယ်

hôtel

ဆေးဆိုင်

pharmacie

ရုံးခန်း

bureau

စာအုပ်ဆိုင်

librairie

ဆိုင်

magasin

ပန်းရောင်းသူ၏

fleuriste

စူပါမားကတ်

supermarché

ဈေး

marché

ပစ္စည်းမျိုးစုံရောင်းသည့်
စတိုးဆိုင်ကြီး

grand magasin

ငါးရောင်းသူ၏

poissonnerie

ဈေးဝယ်စင်တာ

centre commercial

သင်္ဘောဆိပ်

port

အနားယူပန်းခြံ

parc

ထိုင်ခုံတန်း

banque

တံတား

pont

လှေကားထစ်များ

escaliers

မြေအောက်

métro

ဥမင်လိုင်ခေါင်း

tunnel

ဘတ်စ်ကားမှတ်တိုင်

arrêt de bus

ဘား

bar

စားသောက်ဆိုင်

restaurant

စာတိုက်သေတ္တာ

boîte à lettres

လမ်းဆိုင်းဘုတ်

panneau indicateur

ကားရပ်နားခ ကောက်ခံသည့် မီတာ

parcmètre

တိရိစ္ဆာန်ရုံ

zoo

ရေကူးကန်

piscine

ဗလီ

mosquée

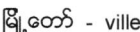

မြို့တော် - ville

လယ်ယာ

ferme

ညစ်ညမ်းမှု

pollution

သချိုင်းကုန်း

cimetière

ဘုရားရှိခိုးကျောင်း

église

ကစားကွင်း

aire de jeux

ဘုရားကျောင်း

temple

ရှုခင်း

# paysage

သစ်ရွက် feuille

ဆိုင်းဘုတ် panneau indicateur

လမ်း chemin

မြက်ခင်း pré

ကျောက်တုံး pierre

တောင်တက်သမား randonneur

သစ်ပင် arbre

မြစ် rivière

မြက် herbe

ပန်း fleur

တောင်ကြား

vallée

တောင်ကုန်း

montagne

ရေကန်

lac

သစ်တော

forêt

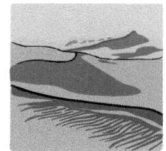

သဲကန္တာရ

désert

မီးတောင်

volcan

ရဲတိုက်

château

သက်တန့်

arc-en-ciel

မှို

champignon

ထန်းပင်

palmier

ခြင်

moustique

ပျံသန်းသည်

mouche

ပုရွက်ဆိတ်

fourmis

ပျား

abeille

ပင့်ကူ

araignée

ပိုးတောင်မာ

coléoptère

ဖား

grenouille

ရှဉ့်

écureuil

ဖြူကောင်

hérisson

ယုန်

lièvre

ဇီးကွက်

chouette

ငှက်

oiseau

ငန်း

cygne

တောဝက်

sanglier

သမင်

cerf

ချိုပြားဒရယ်

élan

ဆည်

barrage

လေအားသုံး
လျှပ်စစ်ဓာတ်အားပေးစက်

éolienne

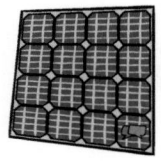

နေရောင်ခြည်ခံပြား

panneau solaire

ရာသီဥတု

climat

# စားသောက်ဆိုင်

## restaurant

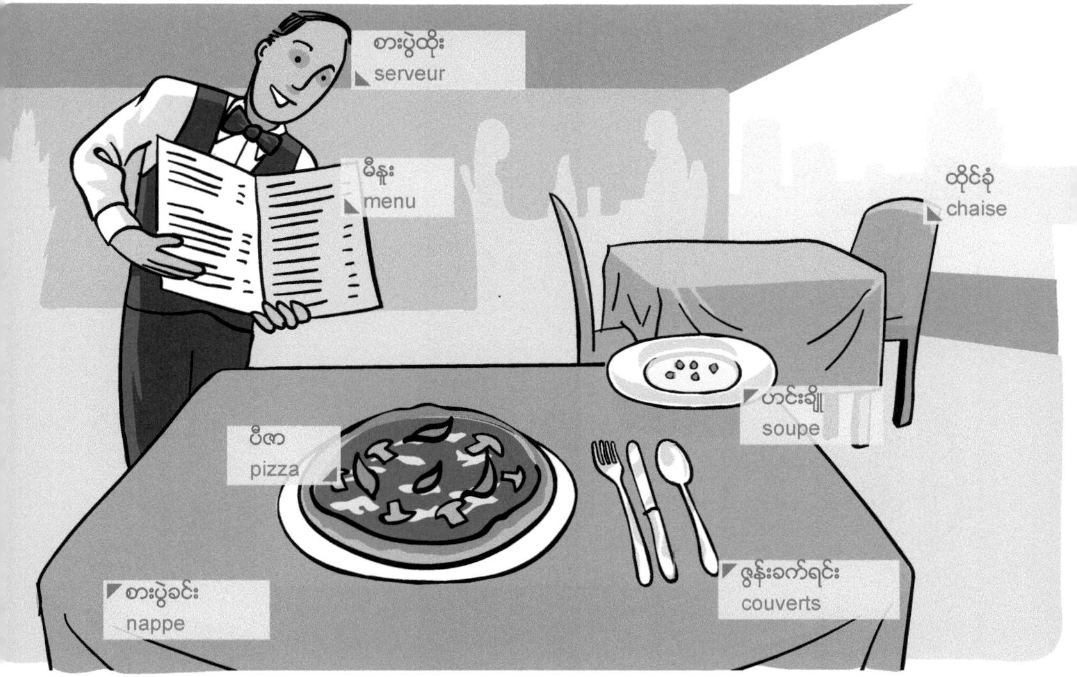

စားပွဲထိုး
serveur
မီနူး
menu
ထိုင်ခုံ
chaise
ဟင်းချို
soupe
ပီဇာ
pizza
စားပွဲခင်း
nappe
ဇွန်းခက်ရင်း
couverts


ပထမဆုံး စားသည့် အစာ

hors d'œuvre

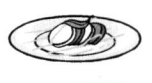

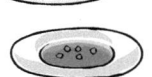

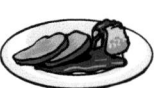

ပင်မ အစာ

plat principal

အချိုပွဲ

dessert

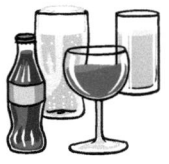

သောက်စရာများ

boissons

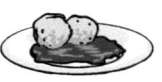

အစားအစာ

alimentation

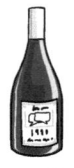

ပုလင်း

bouteille

အသင့်ပြင်ပြီးသား အစားအစာ
fast-food

လမ်းဘေးအစားအစာ
plats à emporter

လက်ဖက်ရည်အိုး သို့မဟုတ်
ရေနွေးကြမ်းအိုး
théière

သကြားအိုး
sucrier

တစ်ယောက်စာ
portion

အက်စက်ပရက်ဆို ကော်ဖီစက်
machine à expresso

ထိုင်ခုံအမြင့်
chaise haute

ငွေတောင်းခံလွှာ
facture

ပန်း
plateau

ဓါး
couteau

ခက်ရင်း
fourchette

ဇွန်း
cuillère

လက်ဖက်ရည်ဇွန်း
cuillère à thé

လက်သုတ်ပုဝါ
serviette

ရေသောက်ဖန်ခွက်
verre

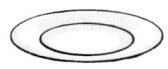

ပန်းကန်ပြား

assiette

ဟင်းချိုပန်းကန်ပြား

assiette à soupe

ပန်းကန်ပြား

soucoupe

ဆော့စ်

sauce

ဆားအိုး

salière

ငရုတ်ကောင်း ချေစက်

moulin à poivre

ရှာလကာရည်

vinaigre

ဆီ

huile

ဟင်းခတ်အမွှေးအကြိုင်

épices

ခရမ်းချဉ်သီးဆော့စ်

ketchup

မုန်ညင်းဆီဆော့စ်

moutarde

မယိုးနိစ်

mayonnaise

# စူပါမားကတ်
## supermarché

အထူးကမ်းလှမ်းချက်
offre promotionnelle
FOR
ဖောက်သည် သို့မဟုတ် ဈေးဝယ်သူ
client
နို့ထွက်ပစ္စည်း
produits laitiers
သစ်သီး
fruits
ထရော်လီလှည်း
chariot


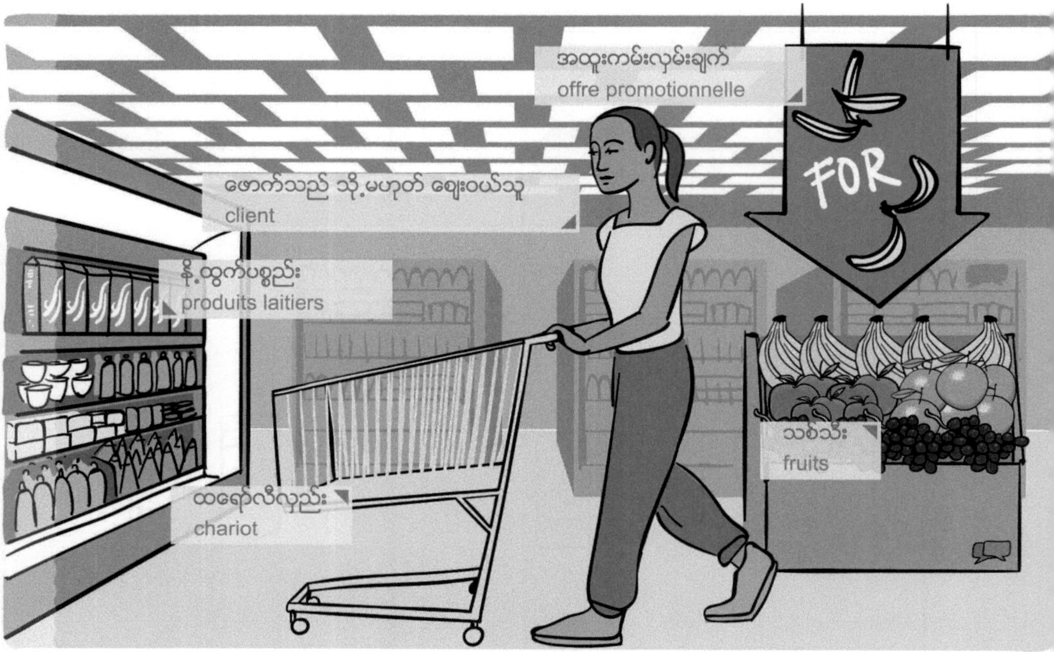

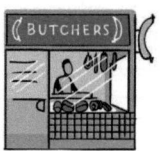

BUTCHERS

သားသတ်သမား၏

boucherie

BAKERY

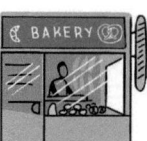

မုန့်ဖုတ်သမား၏

boulangerie

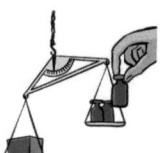

အလေးချိန်သည်

peser

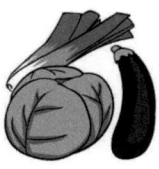

ဟင်းသီးဟင်းရွက်

légumes

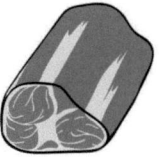

အသား

viande

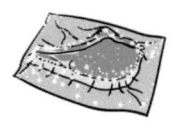

အေးခဲထားသည့် အစားအစာ

aliments surgelés

ပြင်ဆင်ထားသော အသားအေး

charcuterie

သံဗူးသွပ် အစားအစာ

conserves

ဆပ်ပြာမှုန့်.

poudre à lessive

သကြားလုံးများ

bonbons

အိမ်သုံး ပစ္စည်းများ

articles ménagers

သန့်ရှင်းရေး ပစ္စည်းများ

détergents

ဈေးရောင်းသူ

vendeuse

အထိ

caisse

ငွေကိုင်

caissier

ဈေးဝယ်စာရင်း

liste d'achats

ဖွင့်ချိန်နာရီများ

heures d'ouverture

အိတ်ဆောင် ပိုက်ဆံအိတ်

portefeuille

အကြွေးဝယ်ကတ်

carte de crédit

အိတ်

sac

ပလတ်စတစ်အိတ်

sac en plastique

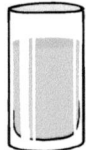

ရေ

eau

သစ်သီးဖျော်ရည်

jus de fruit

နွားနို့

lait

ကိုကာကိုလာ

coca

ဝိုင်

vin

ဘီယာ

bière

အရက်

alcool

ကိုကိုးမှုန့်

chocolat chaud

လက်ဖက်ရည် သို့ မဟုတ်
ရေနွေးကြမ်း

thé

ကော်ဖီ

café

အက်စ်ပရက်ဆို ကော်ဖီ

expresso

ကပူချီနိကော်ဖီ

cappuccino

ငှက်ပျောသီး
.................
banane

ပန်းသီး
.................
pomme

လိမ္မော်သီး
.................
orange

ဖရဲသီးမျိုးဝင်
.................
melon

သံပုရိုသီး
.................
citron

မုန်လာဥနီ
.................
carotte

ကြက်သွန်ဖြူ
.................
ail

မျှစ်
.................
bambou

ကြက်သွန်နီ
.................
oignon

မှို
.................
champignon

ပဲစေ့များ
.................
noisettes

ခေါက်ဆွဲ
.................
pâtes

စပါဂတီ ခေါ် အီတာလီ ခေါက်ဆွဲ

spaghetti

ထမင်း

riz

ဆလပ်ရွက်သုတ်

salade

အကြွပ်ကြော်များ

pommes frites

အာလူးကြော်

pommes de terre rôties

ပီဇာ

pizza

ဟမ်ဘာဂါ

hamburger

အသားညှပ်ပေါင်မုန့်

sandwich

ကတ်တလိပ်

escalope

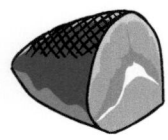

ဝက်ပေါင်ခြောက်

jambon

ဆလာမီ

salami

ဝက်အူချောင်း

saucisse

ကြက်သား

poulet

ရှို့စ်လုပ်ခြင်း

rôti

ငါး

poisson

အစားအစာ - alimentation

ကွေကာအုတ်

flocons d'avoine

မျိုးစလီ

muesli

ပြောင်းစေ့ပြား

cornflakes

ဂျုံမှုန့်

farine

ခရာဆွန်း ခေါ်
ပြင်သစ်ပေါင်မုန့်တစ်မျိုး

croissant

ပေါင်မုန့်လိပ်

petits-pains

ပေါင်မုန့်

pain

ပေါင်မုန့် မီးကင်

pain grillé

ဘီစကစ်

biscuits

ထောပတ်

beurre

ဒိန်ခဲ

le fromage blanc

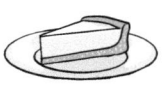

ကိတ်မုန့်

gâteau

ဥ

œuf

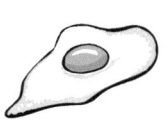

ဥကြော်

œuf au plat

ချိစ်

fromage

ရေခဲမုန့်

glace

သကြား

sucre

ပျားရည်

miel

ယို

confiture

ယိုသုတ်စားသည့် ချောကလက်

crème nougat

ဟင်း

curry

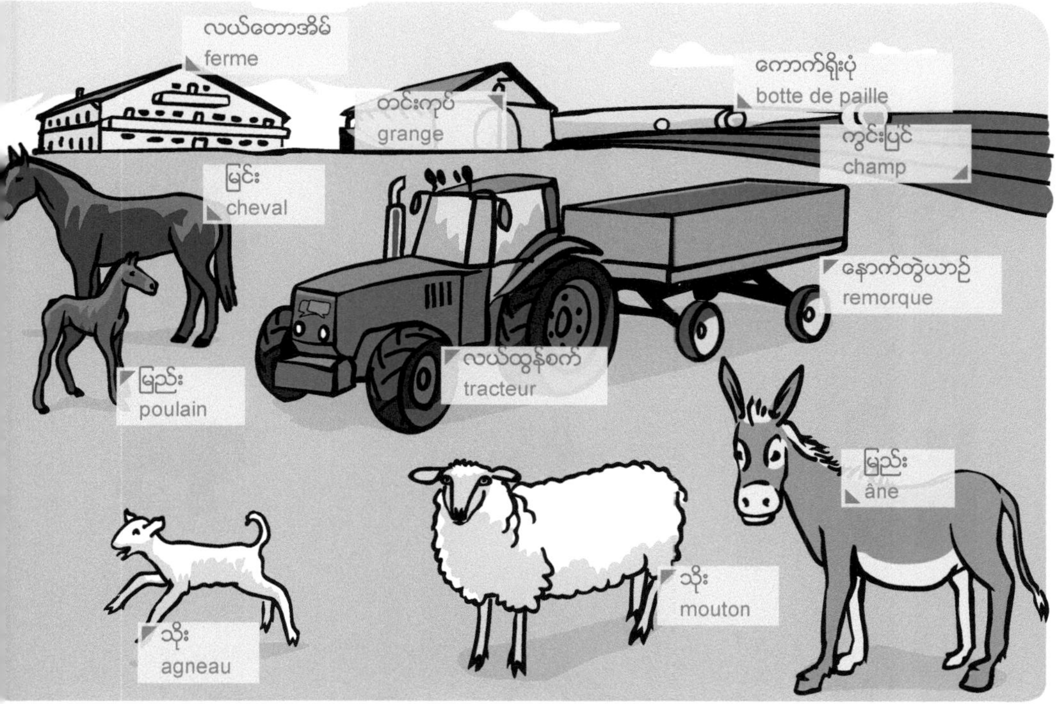

လယ်တောအိမ်
ferme

တင်းကုပ်
grange

ကောက်ရိုးပုံ
botte de paille

ကွင်းပြင်
champ

မြင်း
cheval

နောက်တွဲယာဉ်
remorque

မြည်း
poulain

လယ်ထွန်စက်
tracteur

မြည်း
âne

သိုး
mouton

သိုး
agneau

ဆိတ်

chèvre

နွားမ

vache

နွားလေး

veau

ဝက်

porc

ဝက်ကလေး

porcelet

နွားထီး

taureau

| | | |
|---|---|---|
|  |  |  |
| ဘဲငန်း<br>oie | ဘဲ<br>canard | ကြက်ပေါက်ကလေး<br>poussin |
|  |  |  |
| ကြက်မ<br>poule | ကြက်ဖ<br>coq | ကြွက်<br>rat |
|  |  |  |
| ကြောင်<br>chat | ကြွက်ကလေး<br>souris | နွားထီး<br>bœuf |
|  |  |  |
| ခွေး<br>chien | ခွေးအိမ်<br>chenil | ပန်းခြံရေပိုက်<br>tuyau de jardin |
|  |  |  |
| ရေလောင်းသည့်ခွက်<br>arrosoir | တံစဉ်အပြားကြီး<br>faucheuse | ထယ်<br>charrue |

တံစဉ်

faucille

ပေါက်ပြား

pioche

ကောက်ဆွ

fourche

ပေါက်ချွန်း

hache

ဘီးတပ် လက်တွန်းလှည်း

brouette

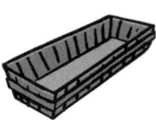

စားခွက်

cuve

နို့ပုံး

pot à lait

အိတ်

sac

ခြံစည်းရိုး

clôture

မြင်းဇောင်း

étable

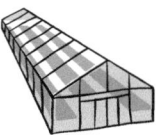

မှန်လုံအိမ်

serre

မြေကြီး

sol

အစေ့

semences

မြေသြဇာ

engrais

စုပေါင်း ရိတ်သိမ်းသူ

moissonneuse-batteuse

လယ်ယာ - ferme

ရိတ်သိမ်းသည်
récolter

ရိတ်သိမ်းသည်
récolte

ပီလောပီနံ
igname

ဂျုံ
blé

ပဲပုပ်
soja

အာလူး
pomme de terre

ပြောင်း
maïs

နံစားပြောင်းဆီ
colza

အသီးပင်
arbre fruitier

ပီလောပီနံ
manioc

စီရီရယ် ခေါ် နံနက်စာတစ်မျိုး
céréales

# အိမ်

# maison

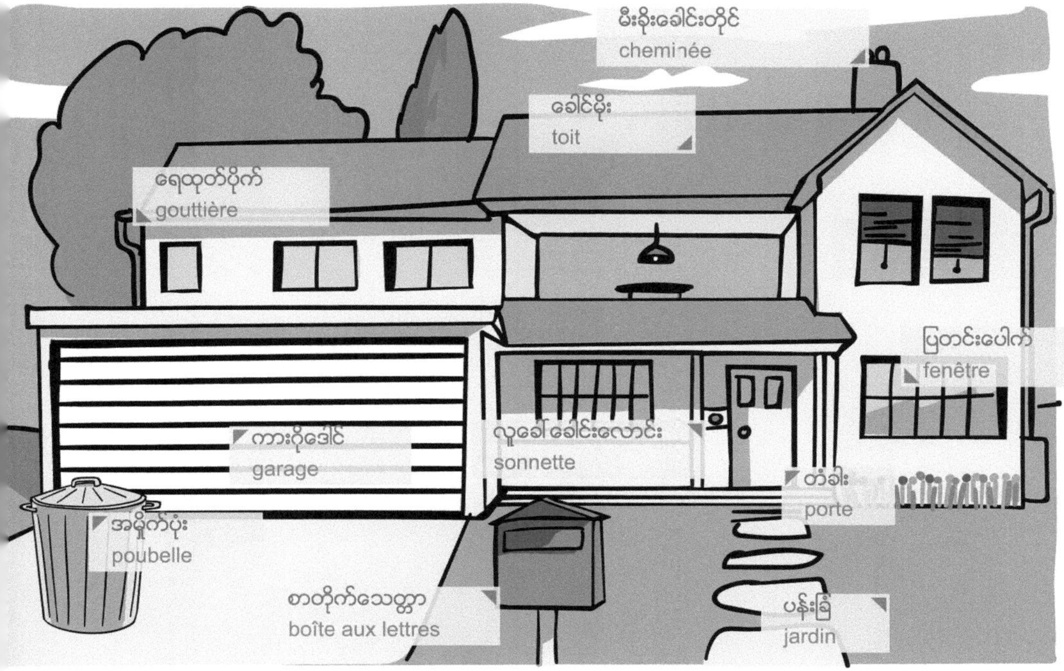

မီးခိုးခေါင်းတိုင်
cheminée
ခေါင်မိုး
toit
ရေထုတ်ပိုက်
gouttière
ပြတင်းပေါက်
fenêtre
ကားဂိုဒေါင်
garage
လူခေါ်ခေါင်းလောင်း
sonnette
တံခါး
porte
အမှိုက်ပုံး
poubelle
စာတိုက်သေတ္တာ
boîte aux lettres
ပန်းခြံ
jardin


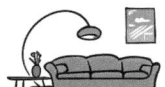

ဧည့်ခန်း

salon

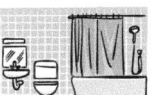

ရေချိုးခန်း

salle de bain

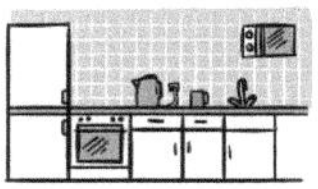

မီးဖိုချောင်

cuisine

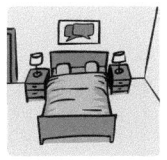

အိပ်ခန်း

chambre à coucher

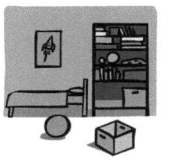

ကလေး အခန်း

chambre d'enfant

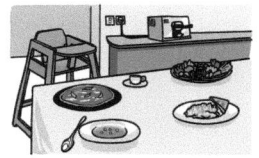

ထမင်းစားခန်း

salle à manger

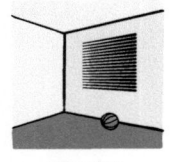

ကြမ်းပြင်

sol

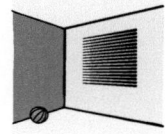

နံရံ

mur

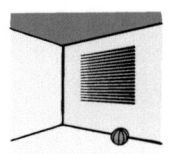

မျက်နှာကြက်

plafond

မြေအောက်ခန်း

cave

ချွေးထုတ်ခန်း

sauna

ဝရန်တာ

balcon

ဝရန်တာ

terrasse

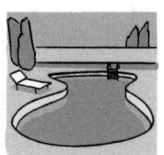

ရေကူးကန်

piscine

မြက်ရိတ်စက်

tondeuse à gazon

အချုပ်

housse

အိပ်ယာခင်း

couette

အိပ်ယာ

lit

တံမြက်စည်း

balai

ရေပုံး

sceau

မီးခလုတ်

interrupteur

# ဧည့်ခန်း
## salon

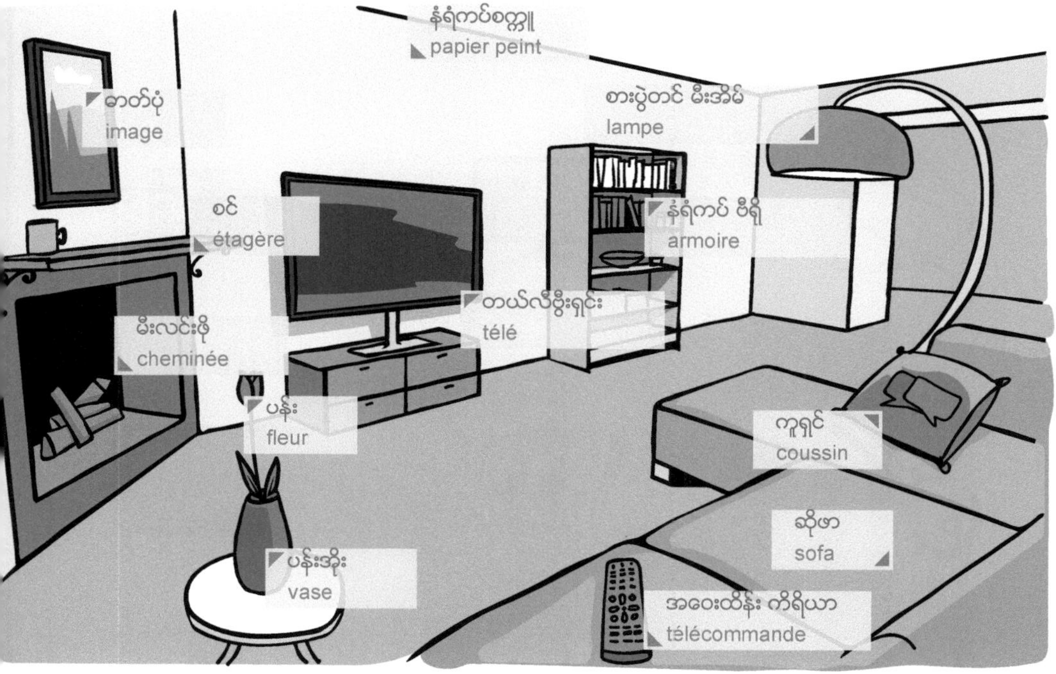
နံရံကပ်စက္ကူ
papier peint
ဓာတ်ပုံ
image
စားပွဲတင် မီးအိမ်
lampe
စင်
étagère
နံရံကပ် ဗီရို
armoire
တယ်လီဗွီးရှင်း
télé
မီးလင်းဖို
cheminée
ပန်း
fleur
ကူရှင်
coussin
ဆိုဖာ
sofa
ပန်းအိုး
vase
အဝေးထိန်း ကိရိယာ
télécommande

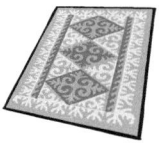

ကော်ဇော
tapis

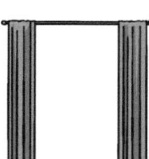

ကန့်လန့်ကာ
rideau

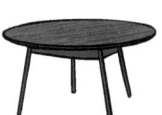

စားပွဲခုံ သို့မဟုတ် ဇယား
table

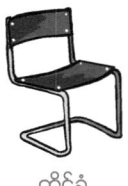

ထိုင်ခုံ
chaise

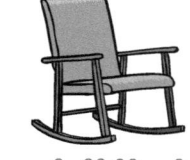

ရှေ့နောက် ယိမ်းနိုင်သည့် ထိုင်ခုံ
chaise à bascule

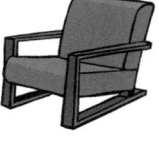

လက်တင်ထိုင်ခုံ
fauteuil

စာအုပ်

livre

စောင်

couverture

အပြင်အဆင်

décoration

ထင်း

bois de chauffage

ဖလင် သို့မဟုတ် ရုပ်ရှင်

film

ဟိုင်ဖိုင် ကိရိယာ

chaîne hi-fi

သော့

clé

သတင်းစာ

journal

ပန်းချီကား

peinture

ပိုစတာ

poster

ရေဒီယို

radio

မှတ်စုစာရွက်အုပ်

bloc-notes

ဖုံစုပ်စက်

aspirateur

ရှားစောင်းပင်

cactus

ဖယောင်းတိုင်

bougie

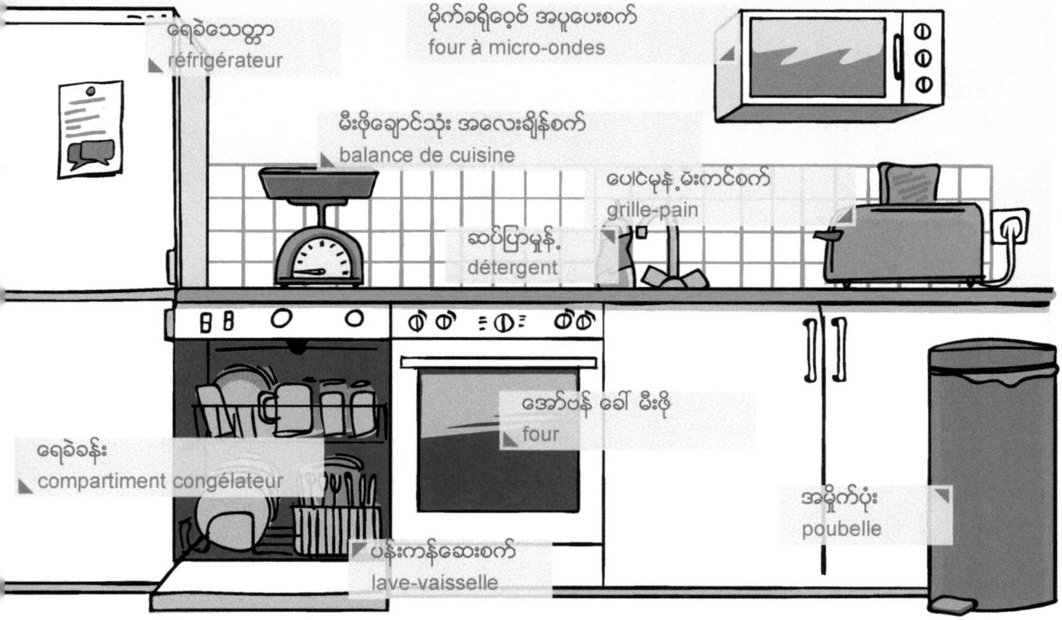

ရေခဲသေတ္တာ
réfrigérateur

မိုက်ခရိုဝေ့ဗ် အပူပေးစက်
four à micro-ondes

မီးဖိုချောင်သုံး အလေးချိန်စက်
balance de cuisine

ပေါင်မုန့် မီးကင်စက်
grille-pain

ဆပ်ပြာမှုန့်
détergent

ရေခဲခန်း
compartiment congélateur

အော်ဗန် ခေါ် မီးဖို
four

အမှိုက်ပုံး
poubelle

ပန်းကန်ဆေးစက်
lave-vaisselle

လျှပ်စစ် ချက်ပြုတ်အိုး
four

အိုး
casserole

သံအိုးကြီး
marmite

မွေ့ကြော်သည့် ဒယ်အိုးကြီး /
ကာဒိုင်း
wok / kadai

ဒယ်အိုး
poêle

ရေနွေးတည်သည့်အိုး
bouilloire electrique

ပေါင်းစက်

cuiseur vapeur

မုန့်ဖုတ်သည့် ပန်း

plaque de cuisson

ကြွေပန်းကန်ပြား ခွက်ယောက်

vaisselle

မတ်ခွက်

gobelet

ဇလုံပန်းကန်

coupe

အစားစားသည့်တူများ

baguettes

ယောက်ချို

louche

မွှေသည့်အတံ

spatule

ခေါက်တံ

fouet

စစ်သည့် အရာ

passoire

စကာ

tamis

ခြစ်သည့်ကိရိယာ

râpe

ပြုပ်ဆုံ

mortier

ဘာဘီကျူးကင်

barbecue

ထင်းမီးဖို

cheminée

စင်းနီးတုံး

planche à découper

လည်နေသောပင်

rouleau à pâtisserie

ဖော့ဆို့

tire-bouchon

သံဗူး

boîte

သံဗူးဖောက်တံ

ouvre-boîte

အိုးတင်သည့်အရာ

maniques

ရေဆေးသည့် နေရာ

lavabo

စုပ်တံ

brosse

ရေမြှုပ်

éponge

မွှေသည့်စက်

mixeur

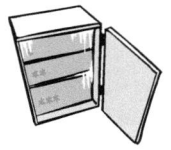

အေးခဲသည့် ရေခဲခန်း

congélateur

ကလေးနို့ဗူး

biberon

ရေပိုက်ခေါင်း

robinet

# ရေချိုးခန်း

## salle de bain

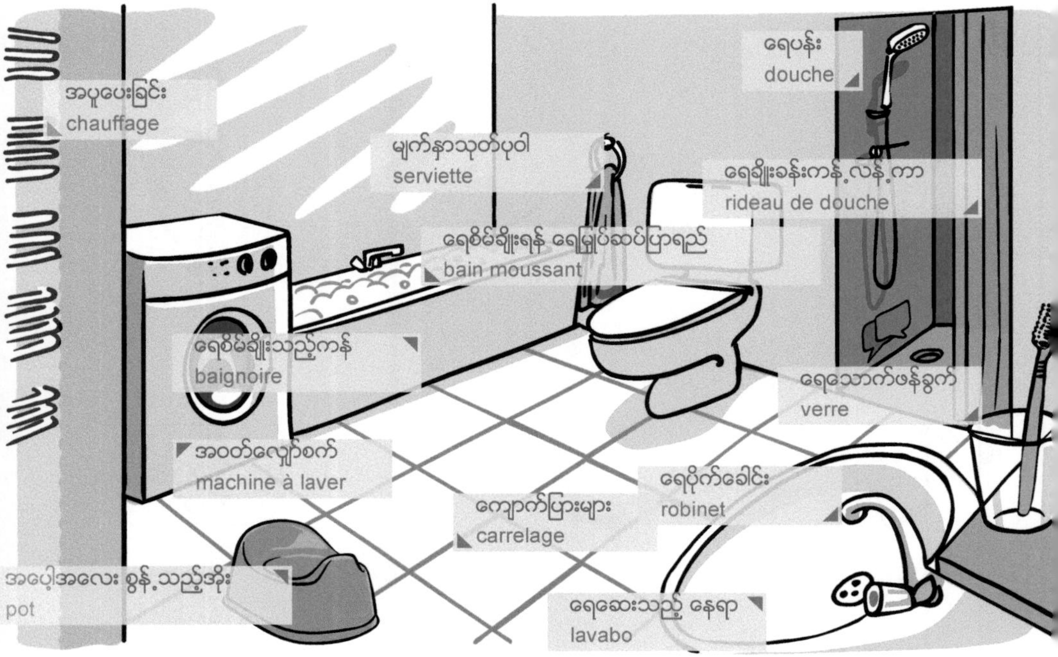

အပူပေးခြင်း
chauffage
မျက်နှာသုတ်ပုဝါ
serviette
ရေပန်း
douche
ရေချိုးခန်းကန့်လန့်ကာ
rideau de douche
ရေစိမ်ချိုးရန် ရေမြှုပ်ဆပ်ပြာရည်
bain moussant
ရေစိမ်ချိုးသည့်ကန်
baignoire
ရေသောက်ဖန်ခွက်
verre
အဝတ်လျှော်စက်
machine à laver
ရေပိုက်ခေါင်း
robinet
ကျောက်ပြားများ
carrelage
အပေါ့အလေး စွန့်သည့်အိုး
pot
ရေဆေးသည့် နေရာ
lavabo


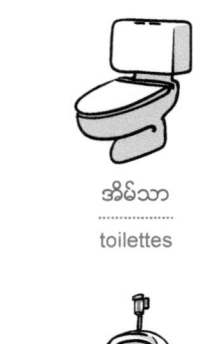

အိမ်သာ

toilettes

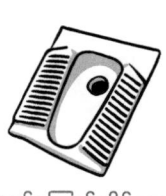

ဆောင့်ကြောင့်ထိုင်ရသည့်
အိမ်သာ

toilette à la turque

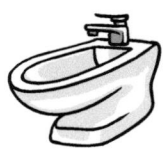

အမျိုးသမီးသုံး
အောက်ပိုင်းဆေးသည့် ကမုတ်

bidet

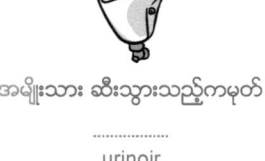

အမျိုးသား ဆီးသွားသည့်ကမုတ်

urinoir

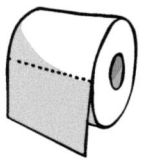

အိမ်သာသုံး စက္ကူ

papier toilette

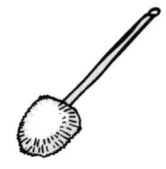

အိမ်သာတိုက် ဘရပ်ရှ်

brosse à toilette

သွားတိုက်တံ

brosse à dents

သွားတိုက်ဆေး

dentifrice

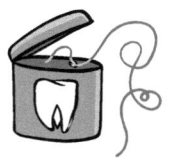

သွား ချေးထုတ်သည့် ကြိုး

fil dentaire

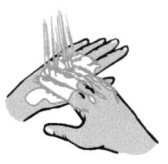

ဆေးကြောသည်

laver

လက်ကိုင် ရေပန်း

douche manuelle

ရေပန်းဖြင့်ရေချိုးခြင်း

douche intime

ရေအင်တုံ

vasque

နောက်ကျော ချေးတွန်းသည့် ဘရပ်ရှ်

brosse dorsale

ဆပ်ပြာ

savon

ရေချိုးဆပ်ပြာရည်

gel douche

ခေါင်းလျှော်ရည်

shampooing

ဖလန်နယ်စ

gant de toilette

ရေထွက်ပေါက်

écoulement

ခရင်မ်

crème

ဒီအော်ဒရန့် ခေါ် ကိုယ်လိမ်းအမွှေးနံ့သာ

déodorant

မှန်
.....................
miroir

လက်ကိုင်မှန်
.....................
miroir cosmétique

မုတ်ဆိတ်ရိတ်တံ
.....................
rasoir

မုတ်ဆိတ်ရိတ်ရန် အမြှုပ်
.....................
mousse à raser

မုတ်ဆိတ်ရိတ်ပြီး
လိမ်းသည့်အမွှေးနံ့သာ
.....................
après-rasage

ခေါင်းဘီး
.....................
peigne

ဘရပ်ရှ်
.....................
brosse

ဆံပင်ခြောက်စက်
.....................
sèche-cheveux

ဆံပင်ဖြန်းဆေး
.....................
laque pour cheveux

မိတ်ကပ်
.....................
fond de teint

နှုတ်ခမ်းဆိုးဆေး
.....................
rouge à lèvres

လက်သည်းဆိုးဆေး
.....................
vernis à ongles

ဝွမ်းလုံး
.....................
ouate

လက်သည်းညှပ် ကပ်ကြေး
.....................
coupe-ongles

ရေမွှေး
.....................
parfum

ရေချိုးခန်းသုံး အိတ်

trousse de toilette

ခွေးခြေ

tabouret

ကိုယ်အလေးချိန်တိုင်းသည့်စက်

pèse-personne

ရေချိုးပြီး ဝတ်သည့်ဝတ်ရုံ

peignoir

ရာဘာ လက်အိတ်များ

gants de nettoyage

တန်ပွန် ခေါ် ဓမ္မတာလာစဉ် မိန်း
မကိုယ်တွင်းထည့်သည့်အရာ

tampon

အမျိုးသမီး လစဉ်သုံးပုဝါစ

serviettes hygiéniques

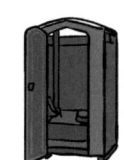

ဓာတုပစ္စည်းထည့်သုံးသည့်
အိမ်သာ

toilette chimique

## chambre d'enfant

နှိုးစက်
réveil

ဖက်အိပ်သည့်အရုပ်
doudou

အရုပ်ကား
voiture jouet

ခလောက်
hochet

အရုပ်မအိမ်
maison de poupée

လက်ဆောင်
cadeau

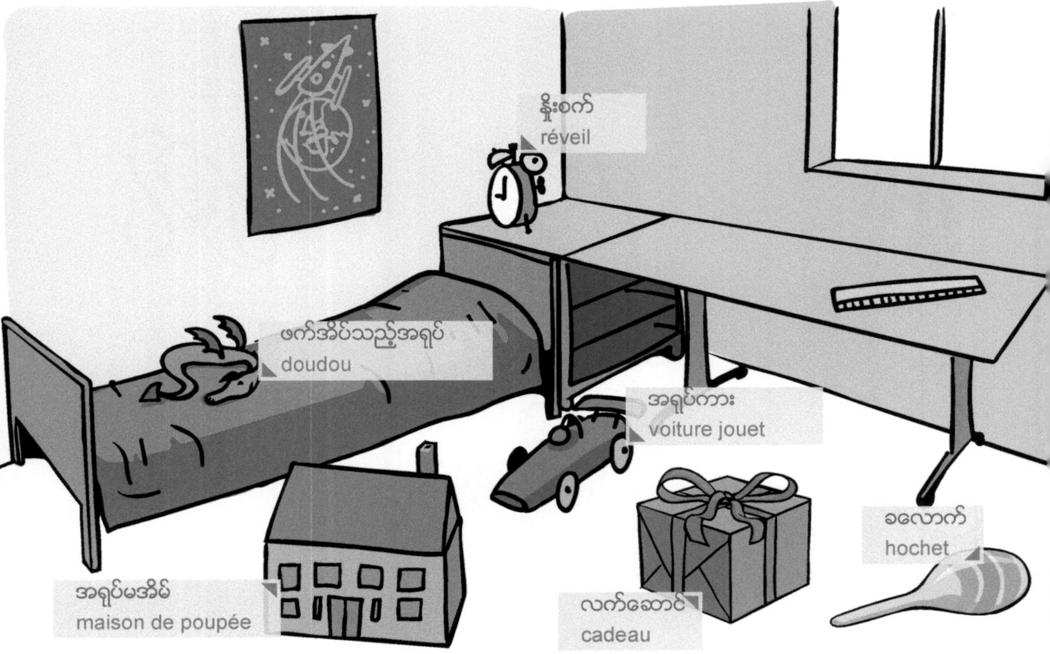

ပူဖောင်း

ballon

အိပ်ယာ

lit

ကလေးတွန်းလှည်း

poussette

ကစားသည့်ကတ်ထုပ်

jeu de cartes

ဂျစ်ဆော ခေါ်
ဆက်ရှိကစားသည့်
အပိုင်းအစများ
puzzle

ရုပ်ပြစာအုပ်

bande dessinée

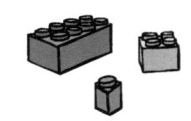

ဆောက်၍ကစားသည့် လေဂို
အတုံးများ

pièces lego

ဆောက်၍ကစားသည့်
အတုံးများ
blocs de construction

လှုပ်ရှားလုပ်ကိုင်သူ

figurine

ဘောဘီဂရိုး

grenouillère

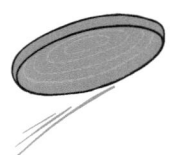

ဖရစ်ဘီး ခေါ် ပစ်၍ ကစားသည့်
အပြား
frisbee

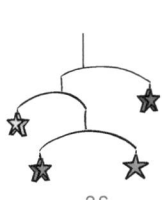

ရွှေ့လျားနိုင်သော

mobile

ဘုတ်ပြားပေါ်တွင် ကစားနည်း

jeu de société

အံစာတုံး

dé

ကစားစရာ ရထား အစုံမော်ဒယ်

train miniature

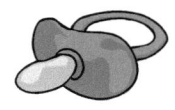

အရုပ်

sucette

ပါတီ

fête

ရုပ်ပြစာအုပ်

livre d'images

ဘောလုံး

balle

အရုပ်မ

poupée

ကစားသည်

jouer

ကလေး အခန်း - chambre d'enfant

ကစားသည့် သဲပုံး

bac à sable

ဒန်း

balançoire

အရုပ်များ

jouets

ဗွီဒီယိုဂိမ်းကစားသည့် စက်

console de jeu

သုံးဘီး စက်ဘီး

tricycle

တက်ဒီ ဝက်ဝံရုပ်

ours en peluche

အဝတ်ဗီရို

armoire

ခြေအိတ်များ

chaussettes

အမျိုးသမီးဝတ် ခြေအိတ်ရှည်

bas

အမျိုးသမီး ခြေအိတ်အကြပ်

collant

ပုဝါ
écharpe

ခါးပတ်
ceinture

ထီး
parapluie

တီရှပ်
t-shirt

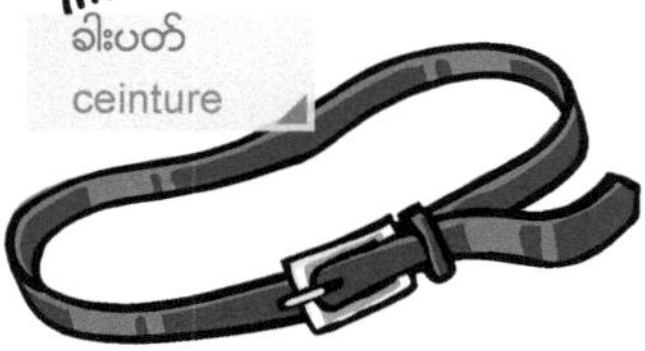

ဘွတ်ဖိနပ်များ
bottes

ခြေညှပ်ဖိနပ်များ
pantoufles

အားကစားဖိနပ်များ
baskets

ခြေစွပ် နောက်ပိတ်ဖိနပ်
..............
sandales

ရှူးဖိနပ်များ
..............
chaussures

ရာဘာ ဘွတ်ဖိနပ်များ
..............
bottes de caoutchouc

အောက်ခံ အဝတ်များ
..............
sous-vêtements

ဘရာဇီယာ
..............
soutien-gorge

အပေါ်ထပ် လက်ပြတ်အကျီ
..............
maillot de corps

ကိုယ်ခန္ဓာ

body

ဘောင်းဘီရှည်

pantalon

ဂျင်းဘောင်းဘီ

jean

စကပ်

jupe

ဘလောက်စ်အကျႌ

chemisier

ရှပ်အကျႌ

chemise

ခေါင်းစွပ်အကျႌ

pull

ခေါင်းစွပ်ပါ အကျႌ

sweat à capuche

ဘလေဇာကုတ်အကျႌ

veste

ဂျက်ကတ်အကျႌ

veste

ကုတ်အကျႌ

manteau

မိုးကာ ကုတ်အကျႌ

imperméable

ဝတ်စုံ

costume

ဂါဝန်

robe

လက်ထပ် ဝတ်စုံ

robe de mariée

အဝတ်အစား - vêtements

အနောက်တိုင်းဝတ်စုံပြည့်

costume

ညအိပ်အကျႌ

chemise de nuit

ညအိတ်ဝတ်စုံ

pyjama

ဆာရီ

sari

ခေါင်းအုပ်ပုဝါ

foulard

တာဘန် ခေါ် ခေါင်းပေါင်း

turban

ဘာကာခေါ်
အမျိုးသမီးခေါင်းအုပ်

burqa

ကဗ်တန် ခေါ်
အမျိုးသားဝတ်ဘောင်းဘီ

caftan

အာဘယာ ခေါ် မွတ်ဆလင်
အမျိုးသမီးဝတ်အကျႌ

abaya

ရေကူးဝတ်စုံ

maillot de bain

အဝတ်သေတ္တာ

maillot de bain

ဘောင်းဘီတို

short

အားကစားဝတ်စုံ

tenue d'entraînement

ခါးစည်း အဝတ်

tablier

လက်အိတ်များ

gants

ကြယ်သီး

bouton

မျက်မှန်

lunettes

လက်ကောက်

bracelet

လည်ဆွဲ

collier

လက်စွပ်

bague

နားကပ်

boucle d'oreille

ခေါင်းဆောင်း ဦးထုပ်

bonnet

ကုတ်အင်္ကျီ ချိတ်

cintre

ဦးထုပ်

chapeau

နက်တိုင်

cravate

ဇစ်

fermeture éclair

ဟဲလ်မက်ခေါ် ခေါင်းဆောင်း

casque

သွားထိန်းများ

bretelles

ကျောင်းဝတ်စုံ

uniforme scolaire

ယူနီဖောင်းဝတ်စုံ

uniforme

အဝတ်အစား - vêtements

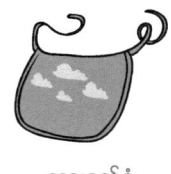

သွားရည်ခံ

bavoir

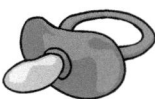

အရုပ်

sucette

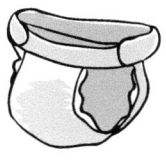

ကလေးအနှီး

lange

# ရုံးခန်း
# bureau

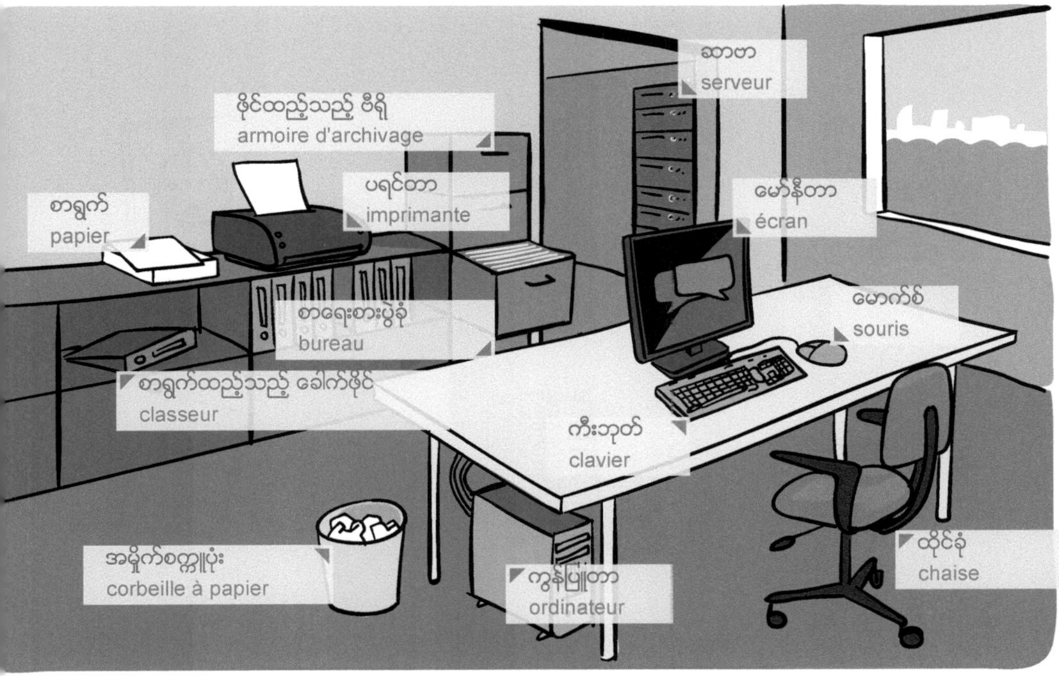
ဆာဗာ
serveur
ဖိုင်ထည့်သည့် ဗီရို
armoire d'archivage
ပရင်တာ
imprimante
စာရွက်
papier
မော်နီတာ
écran
မောက်စ်
souris
စာရေးစားပွဲခုံ
bureau
စာရွက်ထည့်သည့် ခေါက်ဖိုင်
classeur
ကီးဘုတ်
clavier
အမှိုက်စက္ကူပုံး
corbeille à papier
ကွန်ပြူတာ
ordinateur
ထိုင်ခုံ
chaise

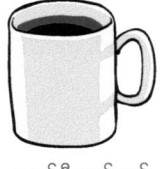

ကော်ဖီ မတ်ခွက်

tasse de café

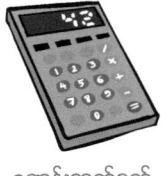

ဂဏန်းတွက်စက်

calculatrice

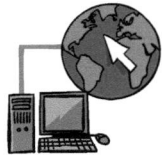

အင်တာနက်

internet

ပေါင်ပေါ်တင်ရိုက်နိုင်သည့်
ကွန်ပျူတာ
ordinateur portable

စာ
lettre

မက်ဆေ့ချ်
message

မိုဘိုင်းဖုန်း
portable

ကွန်ရက်
réseau

မိတ္တူကူးစက်
photocopieuse

ဆော့ဖ်ဝဲရ်
logiciel

တယ်လီဖုန်း
téléphone

ပလပ်ပေါက်
prise

ဖက်စ်ပို့သည့် စက်
fax

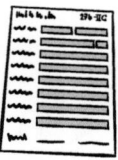

ပုံစံ
formulaire

စာရွက်စာတမ်း
document

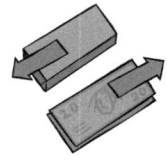

ဝယ်ယူသည်

acheter

ပေးအပ်သည်

payer

ကုန်သွယ်သည်

faire du commerce

ပိုက်ဆံ

monnaie

ဒေါ်လာ

dollar

ယူရိုငွေ

euro

ယန်းငွေ

yen

ရူဘယ်ငွေ

rouble

ဆွစ်ဇာလန်နိုင်ငံသုံးငွေ

franc suisse

ရမ်မင်ဘီ ယွမ်

renminbi yuan

ရူပီး

roupie

ငွေချေသည့်နေရာ

distributeur automatique

ငွေလဲဌာန
bureau de change

ရွှေ
or

ငွေ
argent

ဆီ
pétrole

စွမ်းအင်
énergie

ဈေးနှုန်း
prix

စာချုပ်
contrat

အခွန်
taxe

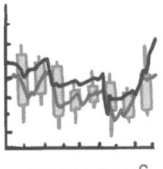

စတော့ဈေးကွက်
action

အလုပ်လုပ်သည်
travailler

ဝန်ထမ်း
employé

အလုပ်ရှင်
employeur

စက်ရုံ
usine

ဆိုင်
magasin

# အလုပ်အကိုင်များ
# professions

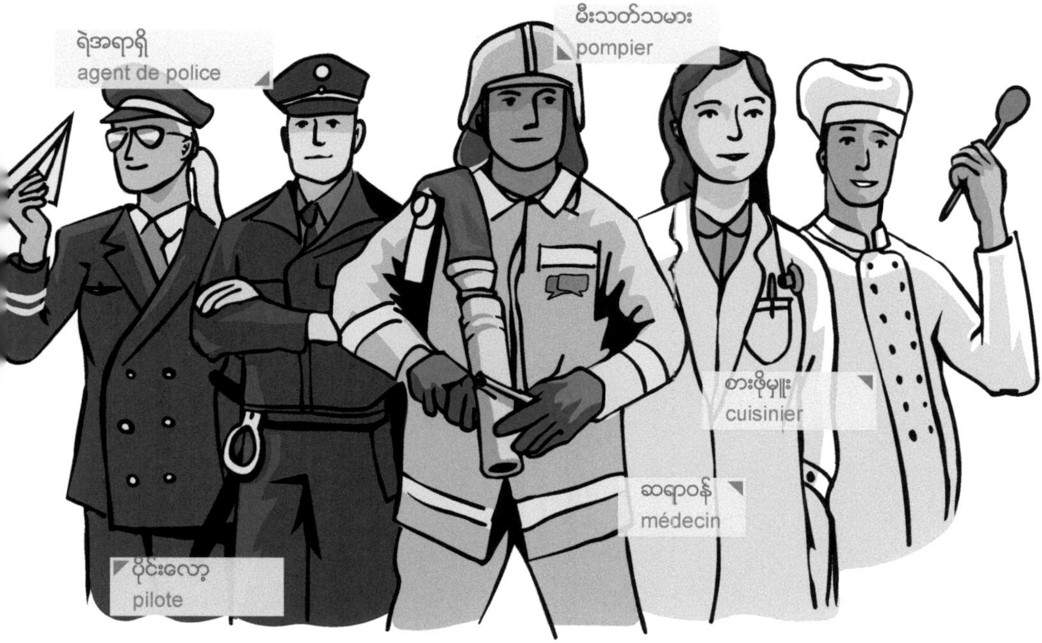

ရဲအရာရှိ
agent de police
မီးသတ်သမား
pompier
စားဖိုမှူး
cuisinier
ဆရာဝန်
médecin
ပိုင်းလော့
pilote


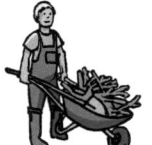

မာလီ

jardinier

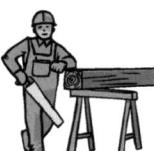

လက်သမား

menuisier

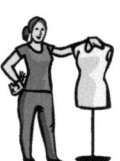

စက်ချုပ်သူ

couturière

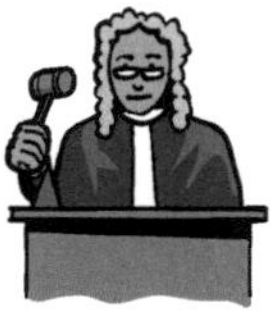

တရားသူကြီး

juge

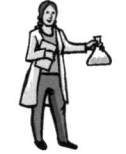

ဓာတုဗေဒပညာရှင်

chimiste

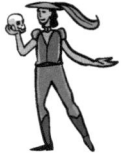

သရုပ်ဆောင်

acteur

ဘတ်စ်ကားမောင်းသမား

conducteur de bus

တက္ကစီမောင်းသူ

chauffeur de taxi

ငါးဖမ်းသမား

pêcheur

သန့်ရှင်းရေး အလုပ်သမ

femme de ménage

အမိုးပြင်သူ

couvreur

စားပွဲထိုး

serveur

အမဲလိုက်မှုဆိုး

chasseur

ဆေးသုတ်သမား သို့မဟုတ်
ပန်းချီဆရာ

peintre

မုန့်ဖုတ်သမား

boulanger

လျှပ်စစ်ပညာရှင်

électricien

ဆောက်လုပ်ရေးသမား

ouvrier

အင်ဂျင်နီယာ

ingénieur

သားသတ်သမား

boucher

ပိုက်ဆက်ဆရာ

plombier

စာပို့သမား

facteur

စစ်သား

soldat

ဗိသုကာပညာရှင်

architecte

ငွေကိုင်

caissier

ပန်းပညာရှင်

fleuriste

ဆံပင်အလှပြင်သူ

coiffeur

လက်မှတ်စစ်

contrôleur

စက်ပြင်ဆရာ

mécanicien

ကပ္ပိတန်

capitaine

သွားဘက်ဆိုင်ရာ ဆရာဝန်

dentiste

သိပ္ပံပညာရှင်

scientifique

ရာဘိုင်

rabbin

မွတ်ဆလင် တရားဟောဆရာ

imam

ဘုန်းကြီး

moine

တရားဟောဆရာ

prêtre

# ကိရိယာ တန်ဆာပလာများ

## outils

တူ
marteau
ပလာယာများ
pinces
ဝက်အူလှဲ့
tournevis
စပန်နာ
clé
လက်နှိပ်ဓာတ်မီး
torche
15

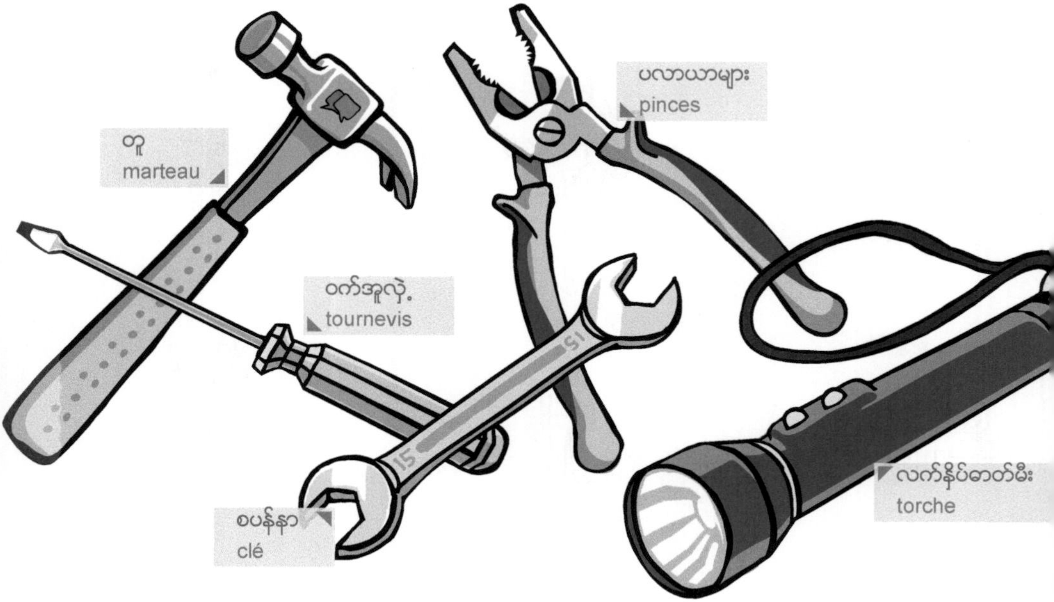

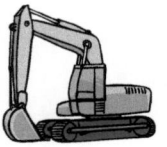

မြေတူးစက်

pelleteuse

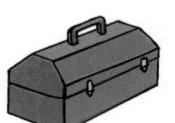

လက်သမားသုံးကိရိယာ သေတ္တာ

boîte à outils

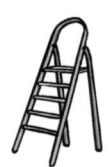

လှေကား

échelle

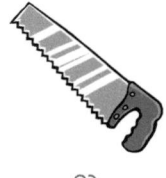

လွှ

scie

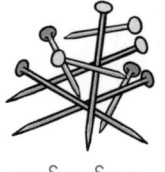

လက်သည်းများ

clous

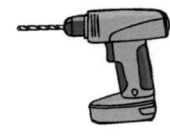

အပေါက်ဖောက်စက်

perceuse

ပြင်ဆင်သည်
réparer

ဂေါ်ပြား
pelle

ချီးတုံ့မုပဲ
Mince !

ဖုန်ကျုံးသည့် ဂေါ်ပြား
pelle

ဆေးရောင်အိုး
pot de peinture

ဝက်အူများ
vis

## ဂီတတူရိယာများ

# instruments de musique

ဒရမ် အစုံ
batterie

အသံချဲ့စက်
haut-parleurs

ဂီတာ
guitare

နှစ်ထပ် ဘော့စ်ဂီတာ
contrebasse

တံပိုး တူရိယာ
trompette

စန္ဒယား

piano

တယော

violon

ဘွေစ်ဂီတာ

basse

နားစည်အမြှေးပါး

timbales

ဒရမ်များ

tambour

ကီးဘုတ် တူရိယာ

piano électrique

ဆက်ဆိုဖုန်း ခေါ်
လေမှုတ်တူရိယာ

saxophone

ပုလွေ

flûte

စကားပြောစက်

microphone

# တိရိစ္ဆာန်ရုံ

## ZOO

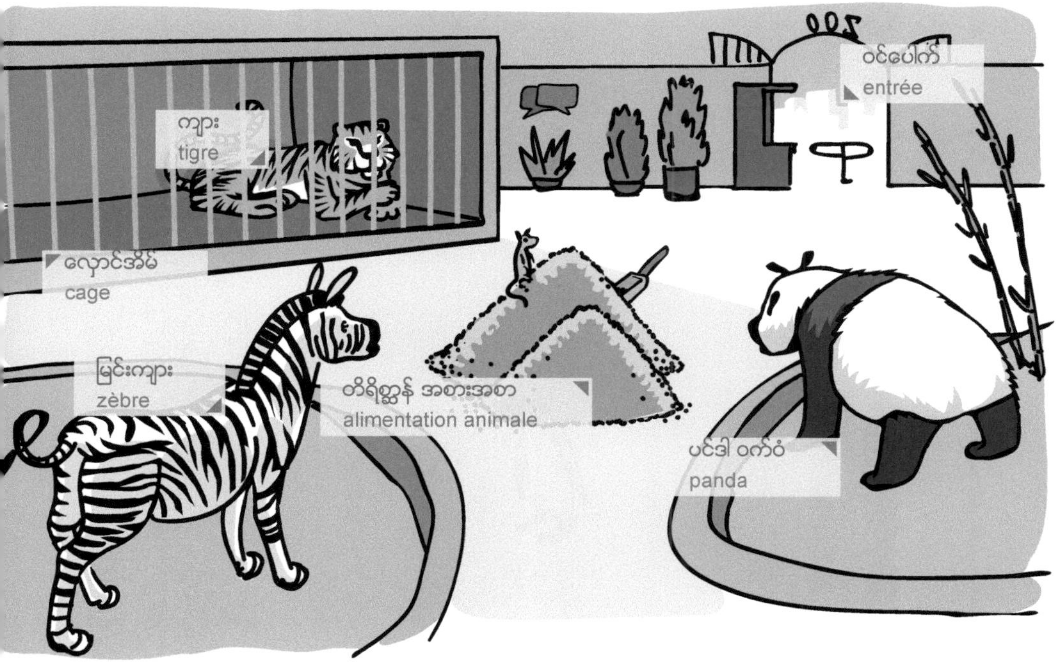
ကျား
tigre
ဝင်ပေါက်
entrée
လှောင်အိမ်
cage
မြင်းကျား
zèbre
တိရိစ္ဆာန် အစားအစာ
alimentation animale
ပင်ဒါ ဝက်ဝံ
panda

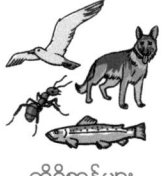

တိရိစ္ဆာန်များ
animaux

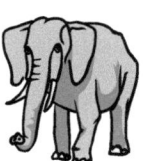

ဆင်
éléphant

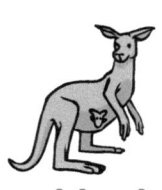

သားပိုက်ကောင်
kangourou

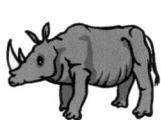

ကြံ့
rhinocéros

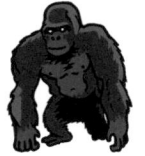

ဂေါ်ရီလာမျောက်
gorille

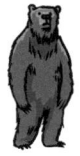

ဝက်ဝံ
ours

ကုလားအုတ်

chameau

ငှက်ကုလားအုတ်

autruche

ခြင်္သေ့

lion

မျောက်

singe

ဖလန်မင်းဂိုးငှက်

flamand rose

ကြက်တူရွေး

perroquet

ပိုလာဝက်ဝံ

ours polaire

ပင်ဂွင်းငှက်

pingouin

ငါးမန်း

requin

ဥဒေါင်းငှက်

paon

မြွေ

serpent

မိကျောင်း

crocodile

တိရိစ္ဆာန်ရုံ ထိန်းသိမ်းသူ

gardien de zoo

ဖျံ

phoque

ကျားသစ်

jaguar

ပိုနီမြင်း

poney

ကျားသစ်

léopard

ရေမြင်း

hippopotame

သစ်ကုလားအုတ်

girafe

သိန်းငှက်

aigle

တောဝက်

sanglier

ငါး

poisson

လိပ်

tortue

ပင်လယ်ဖျံကြီး

morse

မြေခွေး

renard

ဦးချို၊ပါ သမင်၊ညို၊တစ်မျိုး

gazelle

အမေရိကန် ဖွတ်သော
american Football

စက်ဘီးစီးခြင်း
cyclisme

တင်းနစ်ရိုက်ခြင်း
tennis

ဘတ်စကက်ဘော
basket-ball

ရေကူးခြင်း
natation

လက်ဝှေ့
boxe

ရေခဲပြင် ဟော်ကီ
hockey sur glace

ဘောလုံးကန်ခြင်း
football

ကြက်တောင်ရိုက်ခြင်း
badminton

ကိုယ်လက်လှုပ်ရှား
အားကစားများ
athlétisme

ဟန်းဒ်ဘော ခေါ် လက်ပစ်ဘော
handball

နှင်းလျှောစီးခြင်း
ski

ပိုလို
polo

# လှုပ်ရှားမှုများ

## activités

ရယ်မောသည်
rire
ခုန်သည်
sauter
ပွေ့ဖက်သည်
embrasser
လမ်းလျှောက်သည်
marcher
သီချင်းဆိုသည်
chanter
အိပ်မက်သည်
rêver
ဆုတောင်းသည်
prier
နမ်းရှုပ်သည်
faire la bise

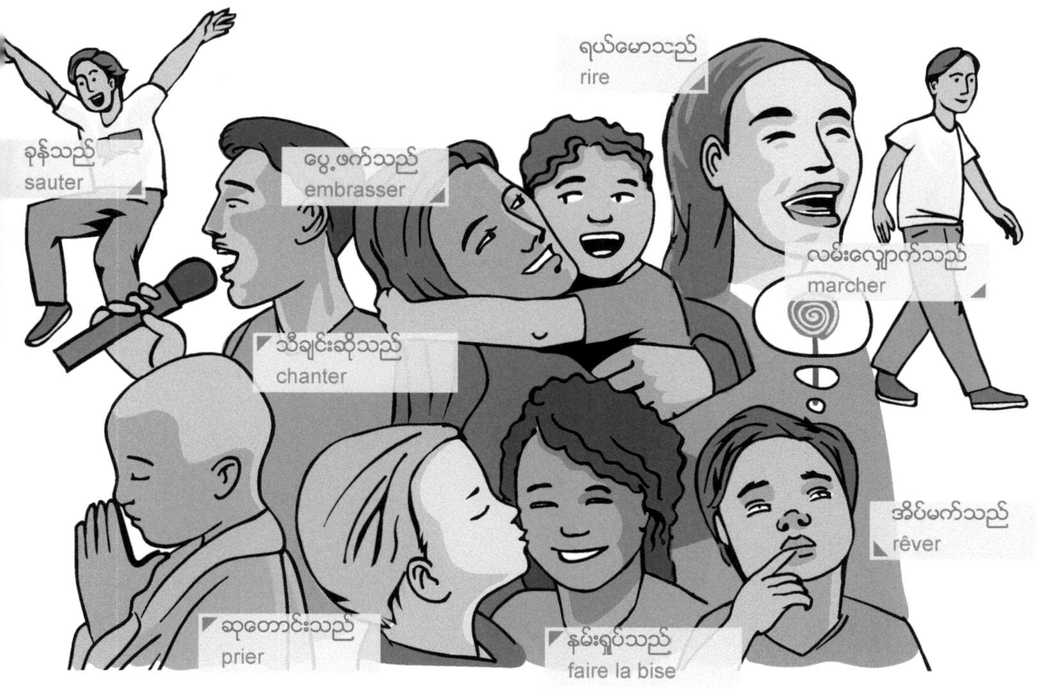

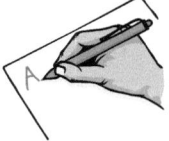

စာရေးသည်

écrire

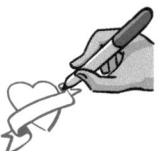

ရေးဆွဲသည်

dessiner

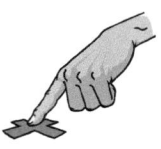

ပြသသည်

montrer

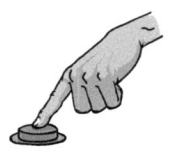

တွန်းသည်

pousser

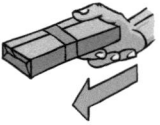

ပေးသည်

donner

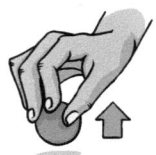

ယူသည်

prendre

ရှိသည်

avoir

ပြုလုပ်သည်

faire

ဖြစ်သည်

être

မတ်တပ်ရပ်သည်

être debout

ပြေးသည်

courir

ဆွဲသည်

trier

ပစ်သည်

jeter

လဲကျသည်

tomber

လိမ်လည်သည်

être couché

စောင့်ဆိုင်းသည်

attendre

သယ်ဆောင်သည်

porter

ထိုင်သည်

être assis

အဝတ်အစားဝတ်သည်

s'habiller

အိပ်သည်

dormir

အိပ်ယာမှ ထသည်

se réveiller

တစ်ခုခုကို ကြည့်ရှုသည်

regarder

ငိုသည်

pleurer

ပွတ်သပ်သည်

caresser

ဘီးဖီးသည်

peigner

စကားပြောသည်

parler

နားလည်သည်

comprendre

မေးသည်

demander

နားထောင်သည်

écouter

သောက်သည်

boire

စားသည်

manger

သပ်ရပ်အောင်လုပ်သည်

ranger

ချစ်သည်

aimer

ချက်ပြုတ်သည်

cuire

မောင်းသည်

conduire

ပျံသန်းသည်

voler

ရွက်လွှင့်သည်

faire de la voile

တွက်ပါ

calculer

ဖတ်သည်

lire

သင်ယူသည်

apprendre

အလုပ်လုပ်သည်

travailler

လက်ထပ်သည်

se marier

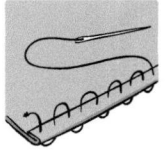

အပ်ချုပ်သည်

coudre

သွားတိုက်သည်

brosser les dents

သတ်သည်

tuer

ဆေးလိပ်သောက်သည်

fumer

ပို့သည်

envoyer

အဖွား
grand-mère

အဖိုး
grand-père

ဖခင်
père

မိခင်
mère

ကလေး
bébé

သမီး
fille

သား
fils

ဧည့်သည်

hôte

အဒေါ်

tante

ဦးလေး

oncle

အစ်ကို

frère

အစ်မ

sœur

# ကိုယ်ခန္ဓာ

## corps

နဖူး
front
မျက်လုံး
œil
ပုခုံး
épaule
လက်ချောင်း
doigt
မျက်နှာ
visage
မေးစေ့
menton
လက်
main
ခြေသလုံး
jambe
ရင်သား
poitrine
လက်မောင်း
bras


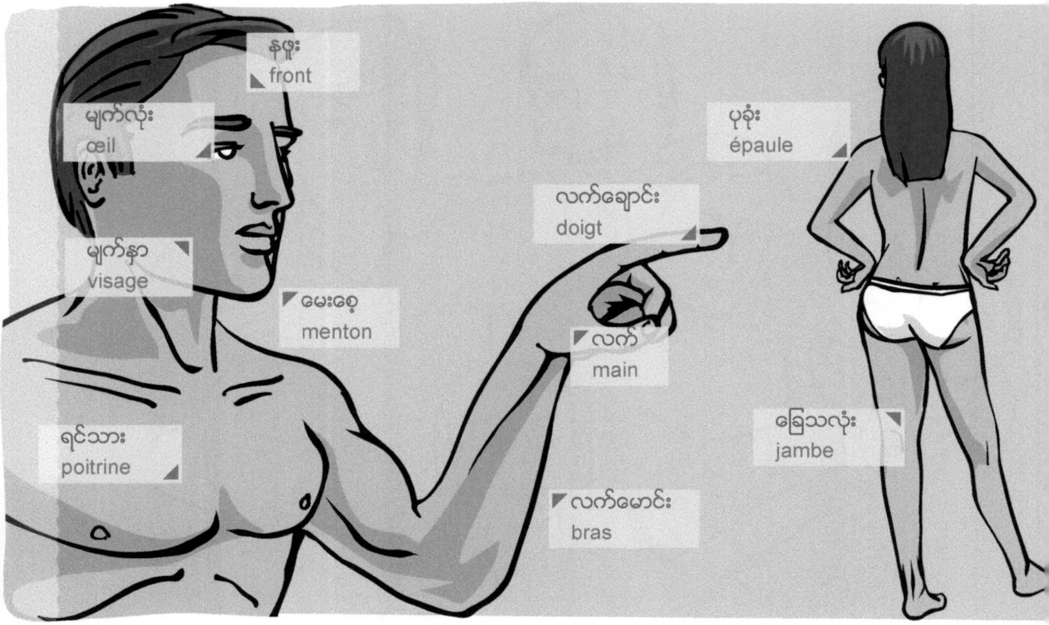

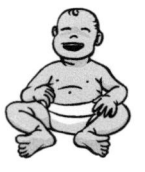

ကလေး

bébé

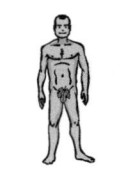

ယောက်ျားကြီး

homme

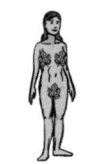

အမျိုးသမီးကြီး

femme

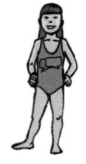

မိန်းကလေး

fille

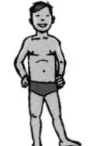

ယောက်ျားလေး

garçon

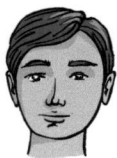

ဦးခေါင်း

tête

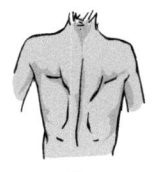

နောက်ကျော

dos

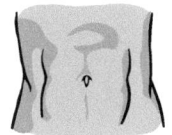

ဗိုက်

ventre

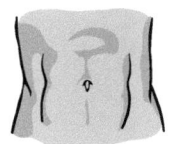

ချက်

nombril

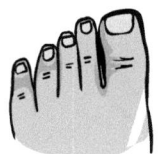

ခြေချောင်း

orteil

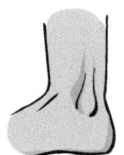

ဖနောင့်

talon

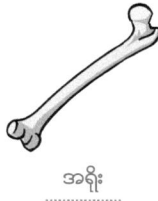

အရိုး

os

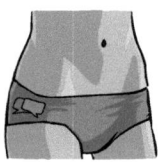

တင်ရိုး

hanche

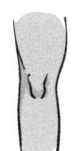

ဒူးခေါင်း

genou

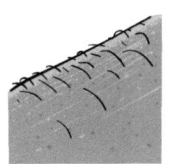

တံတောင်ဆစ်

coude

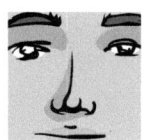

နှာခေါင်း

nez

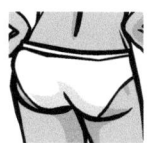

တင်ပါး

fesses

အရေပြား

peau

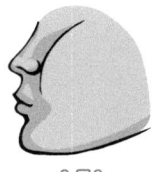

ပါးပြင်

joue

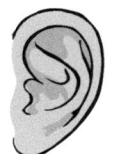

နား

oreille

နှုတ်ခမ်း

lèvre

ပါးစပ်

bouche

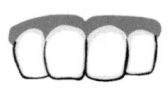

သွား

dent

လျှာ

langue

ဦးနှောက်

cerveau

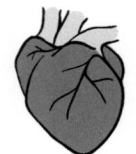

နှလုံး

cœur

ကြွက်သား

muscle

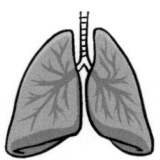

အဆုတ်

poumons

အသည်း

foie

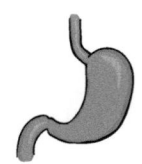

အစာအိမ်

estomac

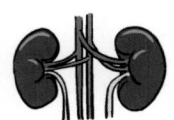

ကျောက်ကပ်များ

reins

လိင်

rapport sexuel

ကွန်ဒုံး

préservatif

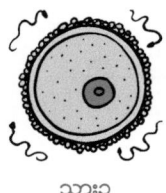

သားဉ

ovule

သုတ်ရည်

sperme

ကိုယ်ဝန်

grossesse

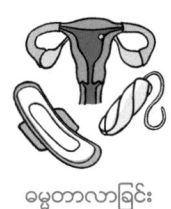

ဓမ္မတာလာခြင်း

menstruation

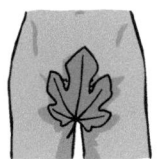

မိန်းမကိုယ်

vagin

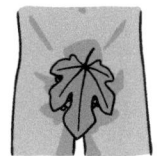

လိင်တံ

pénis

မျက်ခုံး

sourcil

ဆံပင်

cheveux

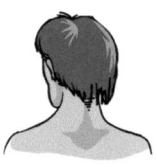

လည်ပင်း

cou

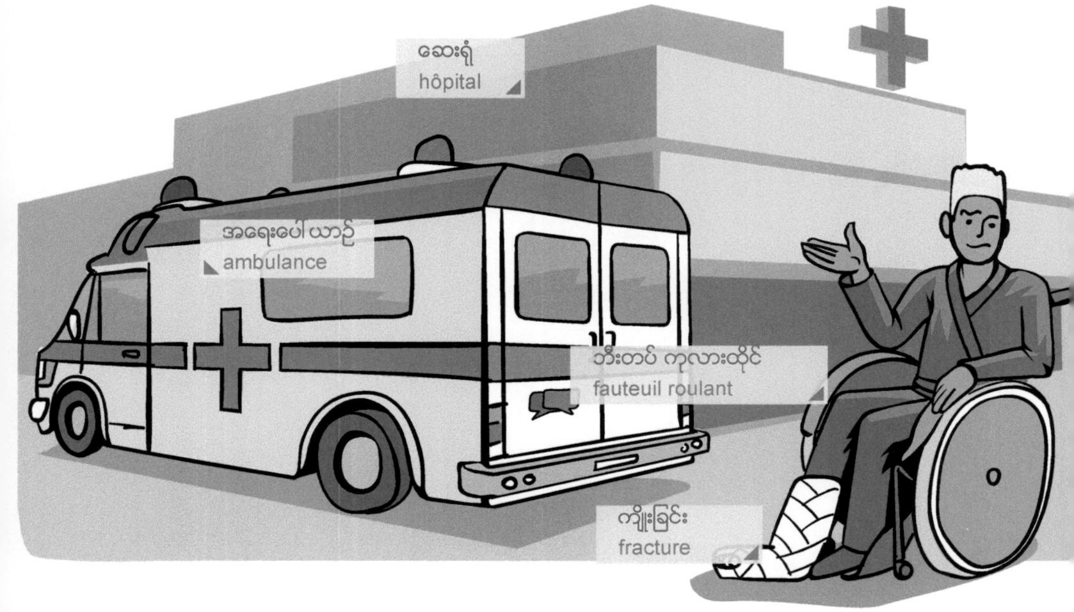

ဆေးရုံ
hôpital

အရေးပေါ် ယာဉ်
ambulance

ဘီးတပ် ကုလားထိုင်
fauteuil roulant

ကျိုးခြင်း
fracture

ဆရာဝန်

médecin

အရေးပေါ် ဆေးကုသခန်း

service des urgences

သူနာပြု

infirmière

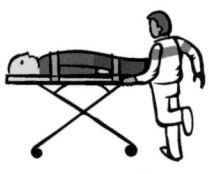

အရေးပေါ်

urgence

သတိလစ်ခြင်း

inconscient

နာခြင်း

douleur

ဒဏ်ရာ

blessure

သွေးယိုထွက်ခြင်း

hémorragie

နှလုံးရပ်ခြင်း

crise cardiaque

လေဖြတ်ခြင်း

attaque cérébrale

ဓာတ်မတည့်ခြင်း

allergie

ချောင်းဆိုးခြင်း

toux

အဖျား

fièvre

တုပ်ကွေးရောဂါ

grippe

ဝမ်းပျက်ဝမ်းလျှောခြင်း

diarrhée

ခေါင်းကိုက်ခြင်း

mal de tête

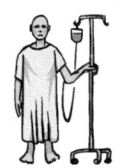

ကင်ဆာရောဂါ

cancer

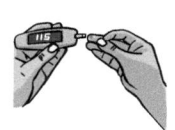

ဆီးချိုရောဂါ

diabète

ခွဲစိတ်ဆရာဝန်

chirurgien

ခွဲစိတ်ခန်းသုံးဓါးပါး

scalpel

ခွဲစိတ်ခြင်း

opération

စီတီ

CT

ဓာတ်မှန်

radiographie

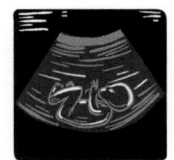

အာထရာဆောင်း

échographie

မျက်နှာဖုံး

masque

ရောဂါ

maladie

စောင့်ဆိုင်းရန် အခန်း

salle d'attente

ချိုင်းထောက်

béquille

ပလာစတာ

pansement

ပတ်တီး

pansement

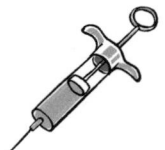

ထိုးဆေး

injection

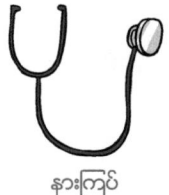

နားကြပ်

stéthoscope

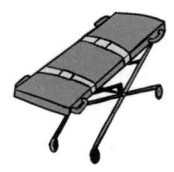

လူနာတင်ထမ်းစင်

brancard

ကုသရေးပိုင်းဆုံး
အပူချိန်တိုင်းသာမိုမီတာ

thermomètre

မွေးဖွားခြင်း

accouchement

အဝလွန်ခြင်း

surcharge pondérale

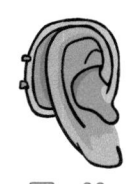

နားကြားကိရိယာ

appareil auditif

ပိုးသတ်ဆေး

désinfectant

ရောဂါကူးစက်ခြင်း

infection

ဗိုင်းရပ်စ်ပိုး

virus

အိတ်ချ်အိုင်ဗွီ /
အေအိုင်ဒီအက်စ်

VIH / sida

ဆေးဝါး

médicament

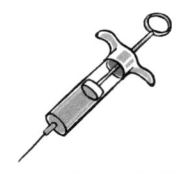

ကာကွယ်ဆေးထိုးခြင်း

vaccination

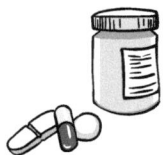

ဆေးလုံးများ

comprimés

ဆေးလုံး

pilule

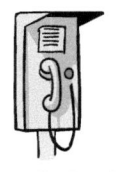

အရေးပေါ် ဖုန်းခေါ်ဆိုမှု

appel d'urgence

သွေးဖိအား စောင့်ကြည့်သည့်
ကိရိယာ

tensiomètre

နာမကျန်းသော / ကျန်းမာသော

malade / sain

ကူညီကြပါ။

Au secours !

အရေးပေါ် ခေါင်းလောင်း

alarme

ရိုက်နက်သည်

assaut

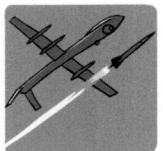

တိုက်ခိုက်သည်

attaque

အန္တရာယ်

danger

အရေးပေါ်ထွက်ပေါက်

sortie de secours

မီး။

Au feu!

မီးသတ်ဘူး

extincteur

မတော်တဆဖြစ်ရပ်

accident

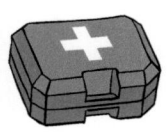

ကြက်ခြေနီ ဆေးပုံး

trousse de premier secours

အက်စ်အိုအက်စ်

SOS

ရဲ

police

ဥရောပတိုက်

Europe

မြောက်အမေရိကတိုက်

Amérique du Nord

တောင်အမေရိကတိုက်

Amérique du Sud

အာဖရိကတိုက်

Afrique

အာရှတိုက်

Asie

သြစတြေးလျတိုက်

Australie

အတ္တလန္တိတ် သမုဒ္ဒရာ

Océan atlantique

ပစိဖိတ် သမုဒ္ဒရာ

Océan pacifique

အိန္ဒိယ သမုဒ္ဒရာ

Océan indien

အန္တာတိတ် သမုဒ္ဒရာ

Océan antarctique

အာတိတ် သမုဒ္ဒရာ

Océan arctique

မြောက်ဝင်ရိုးစွန်း

pôle nord

တောင်ဝင်ရိုးစွန်း

pôle sud

အန္တာတိကတိုက်

Antarctique

ကမ္ဘာမြေကြီး

terre

ကုန်းမြေ

pays

ပင်လယ်

mer

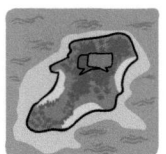

ကျွန်း

île

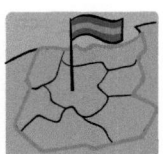

နိုင်ငံကူးလက်မှတ်

nation

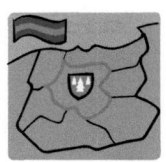

ပြည်နယ်

état

နာရီမျက်နာပြင်

cadran

နာရီလက်တံ

aiguille des heures

မိနစ်လက်တံ

aiguille des minutes

ဒုတိယလက်တံ

aiguille des secondes

ဘယ်အချိန်ရှိပြီလဲ။

Quelle heure est-il ?

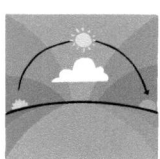

ရက်

jour

အချိန်

temps

maintenant

ယခု

ဒစ်ဂျစ်တယ် လက်ပတ်နာရီ

montre digitale

မိနစ်

minute

နာရီ

heure

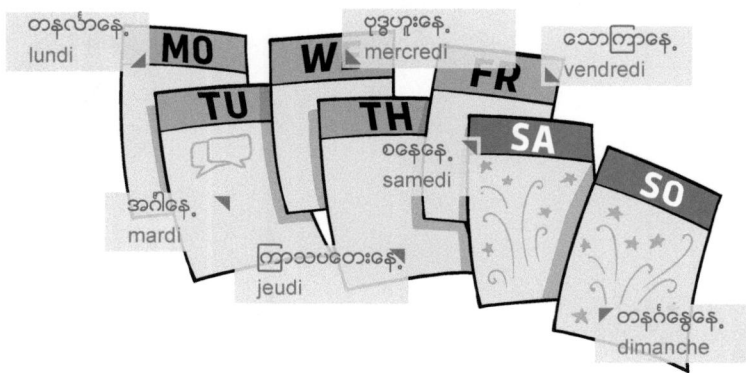

တနင်္လာနေ့ — lundi
အင်္ဂါနေ့ — mardi
ဗုဒ္ဓဟူးနေ့ — mercredi
ကြာသပတေးနေ့ — jeudi
သောကြာနေ့ — vendredi
စနေနေ့ — samedi
တနင်္ဂနွေနေ့ — dimanche

မနေ့က

hier

ယနေ့

aujourd'hui

မနက်ဖြန်

demain

မနက်

matin

နေ့လည်

midi

ညနေ

soir

အလုပ်လုပ်ရက်များ

jours ouvrables

စနေ တနင်္ဂနွေ အားလပ်ရက်

week-end

မိုး
▶ pluie

သက်တန့်
arc-en-ciel

လေ
vent

နှင်း
neige

နွေဦးရာသီ
printemps

ဆောင်းဦးရာသီ
automne

နွေရာသီ
été

ဆောင်းရာသီ
hiver

| 4.APRIL | 11° | ☀ |
| 5.APRIL | 4° | ☁ |
| 6.APRIL | 13° | ☂ |
| 7.APRIL | 8° | ☀ |
| 8.APRIL | 10° | ☀ |

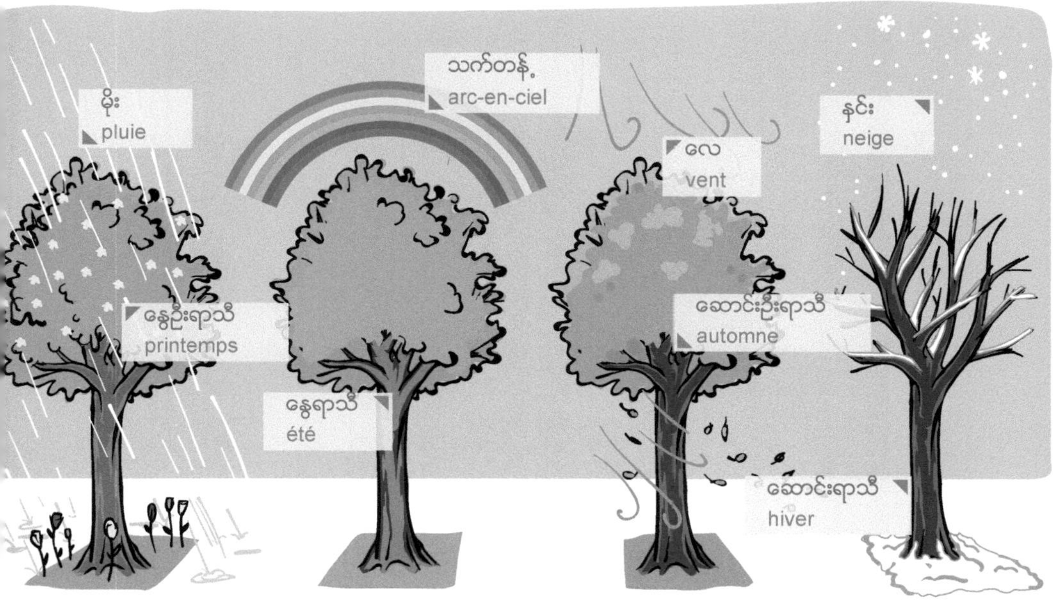

လေဝသ ကြိုတင်ခန့်မှန်းချက်
météo

အပူချိန်တိုင်း ကိရိယာ
thermomètre

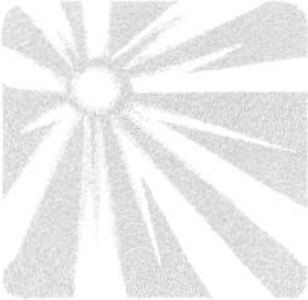

နေရောင်ခြည်
lumière du soleil

တိမ်
nuage

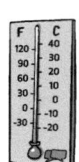

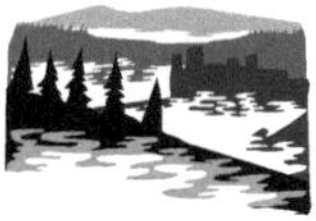

မြူ
brouillard

စိုထိုင်းဆ
humidité

လျှပ်စီးလက်ခြင်း

foudre

မိုးကြိုး

tonnerre

မုန်တိုင်း

tempête

မိုးသီး

grêle

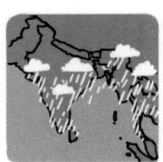

မိုးရာသီ

mousson

ရေကြီးခြင်း

inondation

ရေခဲ

glace

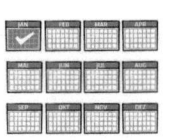

ဇန်နဝါရီလ

janvier

ဖေဖော်ဝါရီလ

février

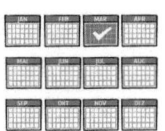

မတ်လ

mars

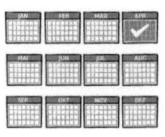

ဧပြီလ

avril

မေလ

mai

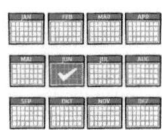

ဇွန်လ

juin

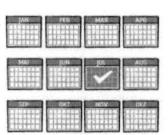

ဇူလိုင်လ

juillet

သြဂုတ်လ

août

82

နှစ် - année

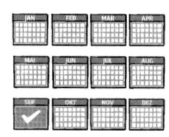

စက်တင်ဘာလ
............
septembre

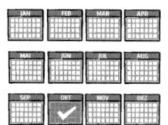

အောက်တိုဘာလ
............
octobre

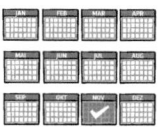

နိုဝင်ဘာလ
............
novembre

ဒီဇင်ဘာလ
............
décembre

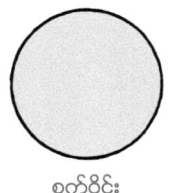

စက်ဝိုင်း
............
cercle

စတုရန်း
............
carré

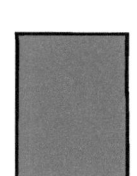

ထောင့်မှန်စတုဂံ
............
rectangle

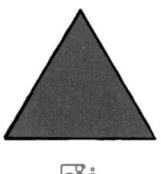

တြိဂံ
............
triangle

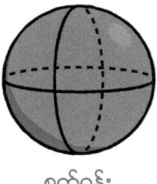

စက်ဝန်း
............
sphère

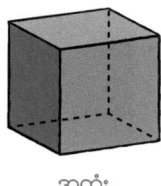

အတုံး
............
cube

# couleurs

အဖြူရောင်

blanc

အဝါရောင်

jaune

လိမ္မော်ရောင်

orange

ပန်းရောင်

rose

အနီရောင်

rouge

ခရမ်းရောင်

violet

အပြာရောင်

bleu

အစိမ်းရောင်

vert

အညိုရောင်

marron

မီးခိုးရောင်

gris

အနက်ရောင်

noir

ဆန့်ကျင်ဖက်များ

# oppositions

အများအပြား / အနည်းငယ်

beaucoup / peu

စိတ်ဆိုးသော /
စိတ်တည်ငြိမ်သော

fâché / calme

လှပသော / ရုပ်ဆိုးသော

joli / laid

အစ / အဆုံး

début / fin

အကြီးသော / အငယ်

grand / petit

တောက်ပသော / မှောင်မဲသော

clair / obscure

ညီအစ်ကို / ညီအစ်မ

frère / soeur

သန့်ရှင်းသော / ညစ်ပတ်သော

propre / sale

ပြည့်စုံသော / မပြည့်စုံသော

complet / incomplet

နေ့ / ည

jour / nuit

သေသော / ရှင်သော

mort / vivant

ကျယ်သော / ကျဉ်းသော

large / étroit

စားသုံးနိုင်သော /
မစားသုံးနိုင်သော

comestible / incomestible

စိတ်ယုတ်သော / ကြင်နာသော

méchant / gentil

စိတ်လှုပ်ရှားဖွယ် / ပျင်းရိဖွယ်

excité / ennuyé

ဝသော / ပိန်သော

gros / mince

ပထမ / နောက်ဆုံးပိတ်

premier / dernier

မိတ်ဆွေ / ရန်သူ

ami / ennemi

အပြည့် / ဘာမှမရှိ

plein / vide

မာသော / ပျော့သော

dur / souple

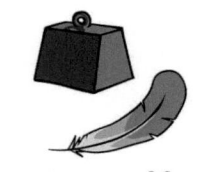

လေးလံသော / ပေါ့ပါးသော

lourd / léger

ဆာလောင်သော / ရေဆာသော

faim / soif

နာမကျန်းသော / ကျန်းမာသော

malade / sain

တရားမဝင်သော /
တရားဝင်သော
illégal / légal

ဉာဏ်ကောင်းသော /
ထိုင်းသော

intelligent / stupide

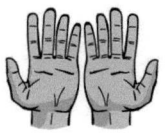

ဘယ် / ညာ

gauche / droite

နီးသော / ဝေးသော

proche / loin

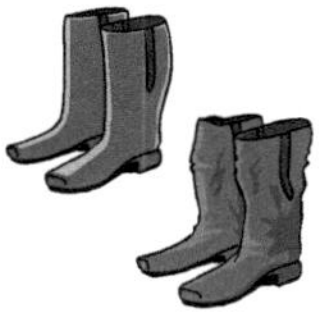

အသစ် / အသုံးပြုပြီးသား

nouveau / usé

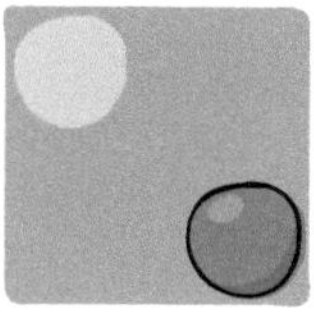

ဘာမှမရှိ / တစ်ခုခု

rien / quelque chose

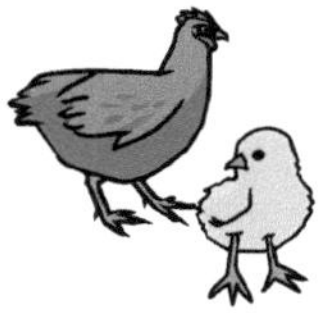

အသက်ကြီးသော / ငယ်ရွယ်သော

vieux / jeune

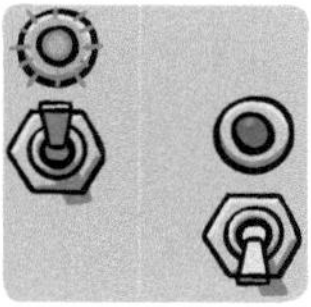

ဖွင့်သော / ပိတ်သော

marche / arrêt

ဖွင့်သော / ပိတ်သော

ouvert / fermé

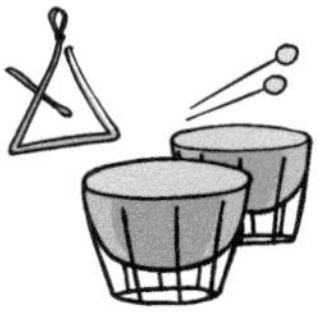

တိတ်ဆိတ် / ကျယ်လောင်

faible / fort

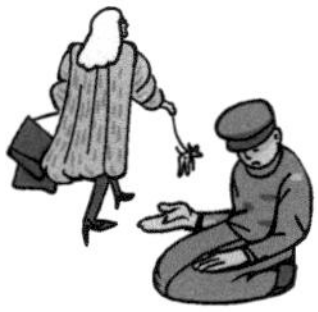

ချမ်းသာ / ဆင်းရဲ

riche / pauvre

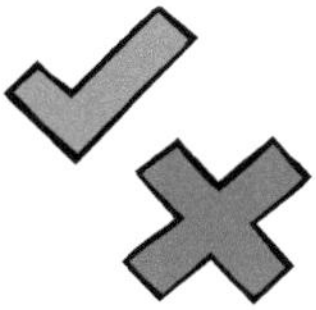

အမှန် / အမှား

correct / incorrect

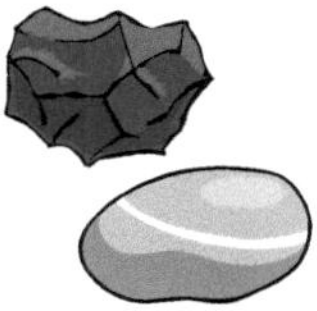

ကြမ်းတမ်း / ချောမွေ့

rugueux / lisse

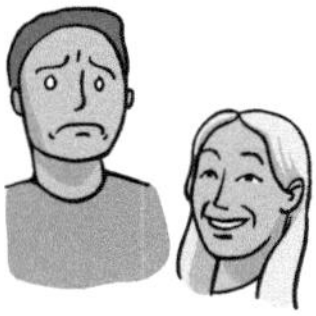

ဝမ်းနည်း / ဝမ်းသာ

triste / heureux

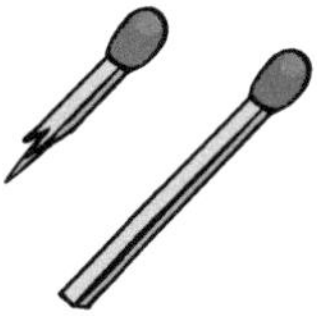

အတို / အရှည်

court / long

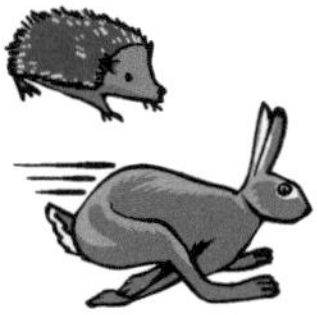

အနှေး / အမြန်

lent / rapide

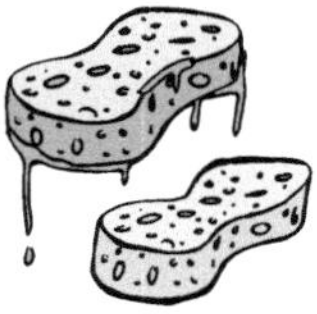

စွတ်သော / ခြောက်သွေ့သော

mouillé / sec

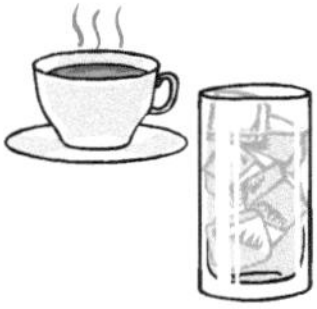

နွေးထွေးသော / အေးမြသော

chaud / froid

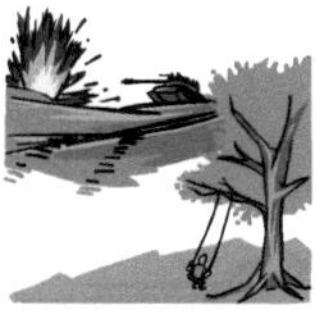

စစ် / ငြိမ်းချမ်းရေး

guerre / paix

## nombres

**0**

သုည
...............
zéro

**1**

တစ်
...............
un / une

**2**

နှစ်
...............
deux

**3**

သုံး
...............
trois

**4**

လေး
...............
quatre

**5**

ငါး
...............
cinq

**6**

ခြောက်
...............
six

**7**

ခုနစ်
...............
sept

**8**

ရှစ်
...............
huit

**9**

ကိုး
...............
neuf

**10**

တစ်ဆယ်
...............
dix

**11**

ဆယ့်တစ်
...............
onze

## 12

ဆယ့်နှစ်

douze

## 13

ဆယ့်သုံး

treize

## 14

ဆယ့်လေး

quatorze

## 15

ဆယ့်ငါး

quinze

## 16

ဆယ့်ခြောက်

seize

## 17

ဆယ့်ခုနစ်

dix-sept

## 18

ဆယ့်ရှစ်

dix-huit

## 19

ဆယ့်ကိုး

dix-neuf

## 20

နှစ်ဆယ်

vingt

## 100

ရာ

cent

## 1.000

ထောင်

mille

## 1.000.000

မီလျံ

million

အင်္ဂလိပ် ဘာသာစကား

anglais

အမေရိကန် အင်္ဂလိပ် ဘာသာစကား

anglais américain

တရုတ် မန်ဒရင်း ဘာသာစကား

chinois mandarin

ဟိန္ဒူ ဘာသာစကား

hindi

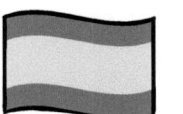

စပိန် ဘာသာစကား

espagnol

ပြင်သစ် ဘာသာစကား

français

အာရဗီ ဘာသာစကား

arabe

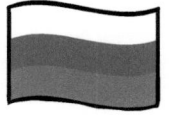

ရုရှ ဘာသာစကား

russe

ပေါ်တူဂီ ဘာသာစကား

portugais

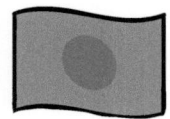

ဘင်္ဂါလီ ဘာသာစကား

bengali

ဂျာမန် ဘာသာစကား

allemand

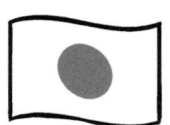

ဂျပန် ဘာသာစကား

japonais

ကျွန်ုပ်

je

သင်

tu

သူ / သူမ / ၎င်း

il / elle / ce, c', cela

ကျွန်ုပ်တို့

nous

သင်တို့

vous

သူတို့

ils / elles

ဘယ်သူလဲ။

Qui ?

ဘာလဲ။

Quoi ?

ဘယ်လိုလဲ။

Comment ?

ဘယ်နေရာလဲ။

Où ?

ဘယ်အချိန်လဲ။

Quand ?

အမည်

nom

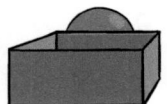

အနောက်ဖက်

derrière

အတွင်း

dans

အရှေ့ဖက်

devant

အထက်ဖက်

au-dessus

အပေါ်ဖက်

sur

အောက်ဖက်

en-dessous

ဘေးဖက်

à côté de

ကြား

entre

နေရာ

lieu

AF222173

Impressum
Verlag: BABADADA GmbH, Nedderfeld 112 , 22529 Hamburg
Geschäftsführer / Verlagsleitung: Harald Hof
Druck: Books on Demand GmbH, In de Tarpen 42, 22848 Norderstedt

Imprint
Publisher: BABADADA GmbH, Nedderfeld 112 , 22529 Hamburg, Germany
Managing Director / Publishing direction: Harald Hof
Print: Books on Demand GmbH, In de Tarpen 42, 22848 Norderstedt

# école

# koulu

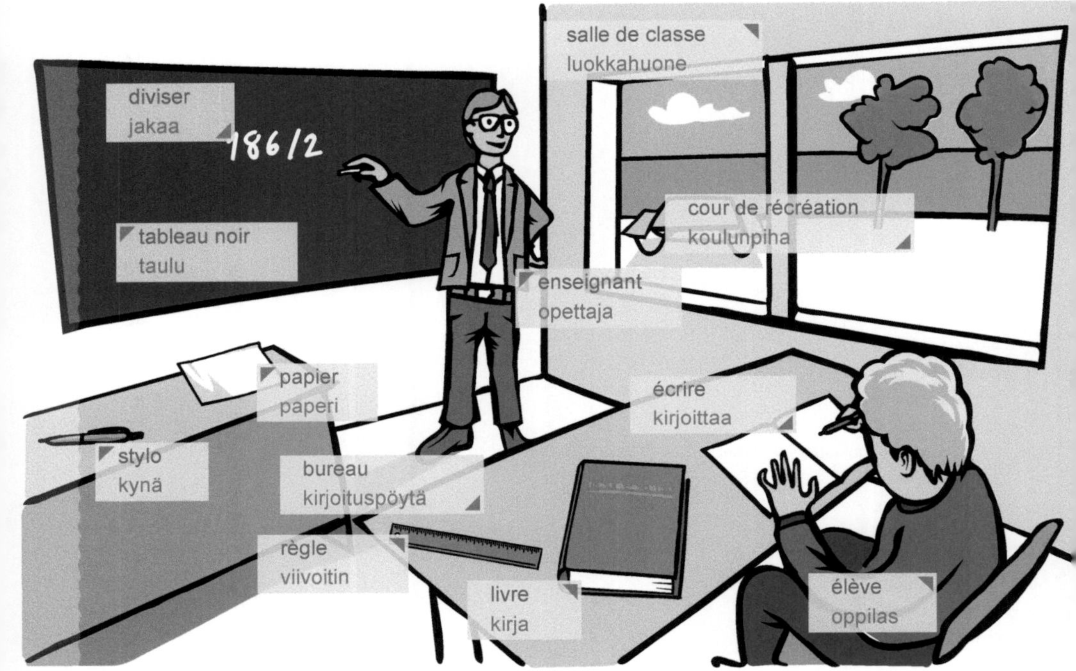
salle de classe
luokkahuone
diviser
jakaa
186/2
tableau noir
taulu
cour de récréation
koulunpiha
enseignant
opettaja
papier
paperi
écrire
kirjoittaa
stylo
kynä
bureau
kirjoituspöytä
règle
viivoitin
livre
kirja
élève
oppilas

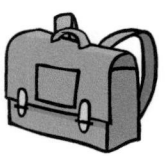

sac d'école

reppu

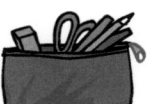

trousse

penaali

crayon

lyijykynä

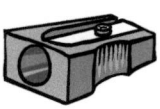

taille-crayon

kynänteroitin

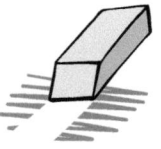

gomme

pyyhekumi

carnet à dessin

piirustuslehtiö

dessin

piirustus

pinceau

pensseli

boîte de peinture

vesivärit

ciseaux

sakset

colle

liima

cahier d'exercices

harjoituskirja

tâches

kotitehtävä

chiffre

luku

additionner

lisätä

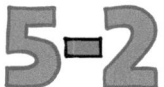

soustraire

vähentää

multiplier

kertoa

calculer

laskea

lettre

kirjain

alphabet

aakkoset

hello

mot

sana

école - koulu

texte

teksti

lire

lukea

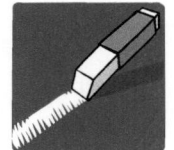

craie

liitu

leçon

oppitunti

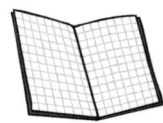

livre de classe

opettajan muistikirja

examen

koe

certificat

todistus

uniforme scolaire

koulupuku

formation

koulutus

lexique

sanakirja

université

yliopisto

microscope

mikroskooppi

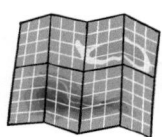

carte

kartta

corbeille à papier

roskakori

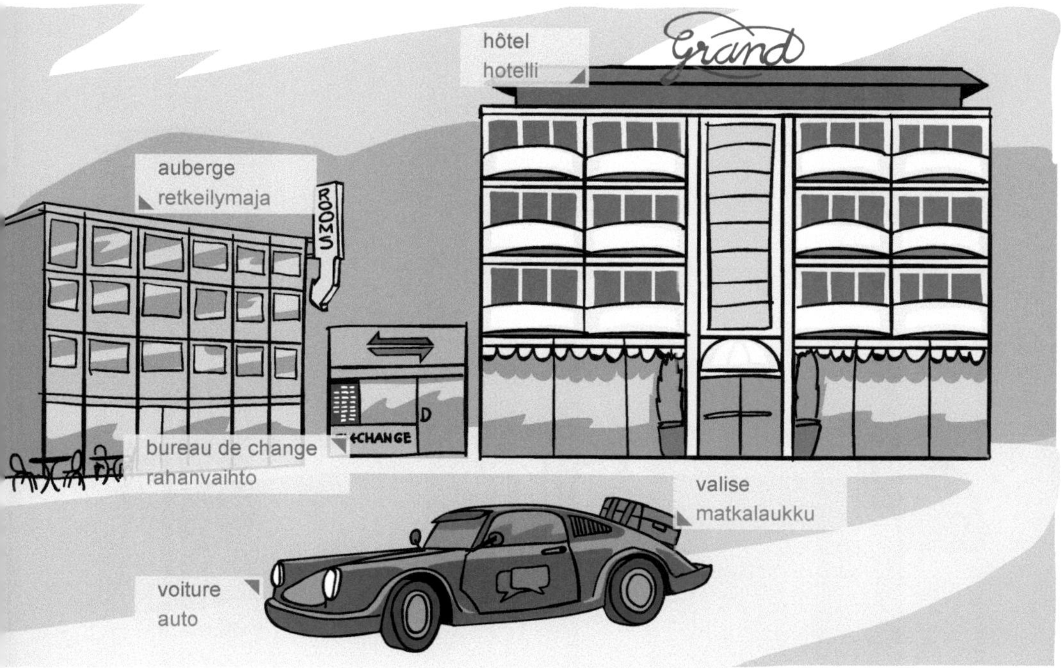

hôtel
hotelli
Grand
auberge
retkeilymaja
ROOMS
EXCHANGE
bureau de change
rahanvaihto
valise
matkalaukku
voiture
auto


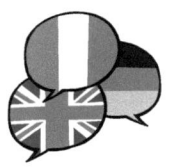

langue
kieli

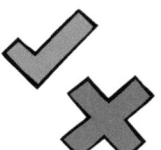

oui / non
kyllä / ei

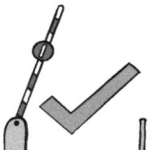

d'accord
selvä

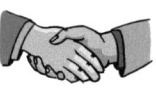

Salut
hei

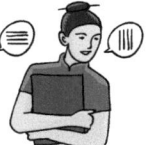

interprète
tulkki

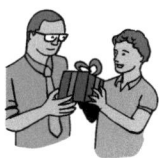

merci
kiitos

Combien coûte...?

Paljonko...maksaa?

Je ne comprends pas

en ymmärrä

problème

ongelma

Bonsoir!

Hyvää iltaa!

Bonjour!

Hyvää huomenta!

Bonne nuit!

Hyvää yötä!

Au revoir

näkemiin

direction

suunta

bagages

matkatavarat

sac

laukku

sac-à-dos

reppu

hôte

vieras

pièce

huone

sac de couchage

makuupussi

tente

teltta

office de tourisme
turisti-info

plage
ranta

carte de crédit
luottokortti

petit-déjeuner
aamupala

déjeuner
lounas

dîner
päivällinen

billet
matkalippu

ascenseur
hissi

timbre
postimerkki

frontière
raja

douane
tulli

ambassade
suurlähetystö

visa
viisumi

passeport
passi

# transport
# kuljetus

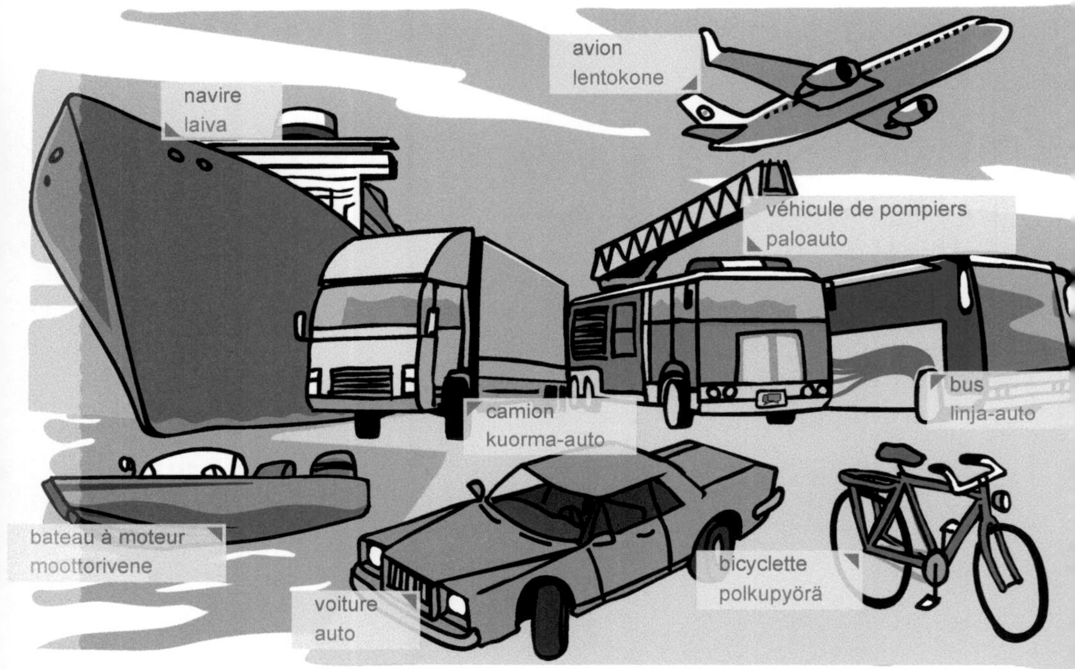
avion
lentokone
navire
laiva
véhicule de pompiers
paloauto
bus
linja-auto
camion
kuorma-auto
bateau à moteur
moottorivene
bicyclette
polkupyörä
voiture
auto

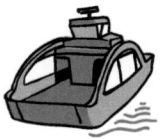

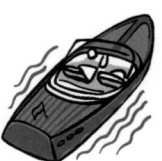

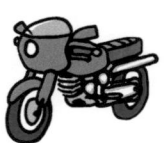

ferry
lautta

barque
vene

moto
moottoripyörä

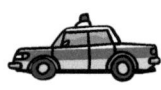

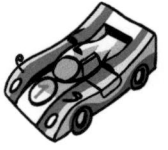

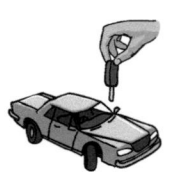

voiture de police
poliisiauto

voiture de course
kilpa-auto

voiture de location
vuokra-auto

autopartage

car sharing

dépanneuse

hinausauto

benne à ordures

roska-auto

moteur

moottori

essence

polttoaine

station d'essence

huoltoasema

panneau indicateur

liikennemerkki

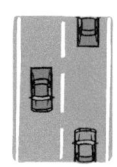

trafic

liikenne

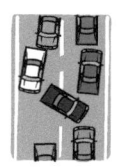

embouteillage

ruuhka

parking

parkkipaikka

gare

rautatieasema

rails

raiteet

train

juna

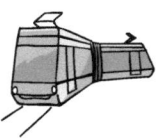

tram

raitiovaunu

wagon

vaunu

hélicoptère

helikopteri

aéroport

lentokenttä

tour

lähilennonjohto

passager

matkustaja

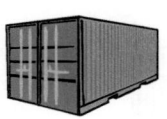

container

kontti

carton

pahvilaatikko

chariot

kärryt

corbeille

kori

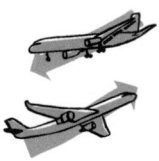

décoller / atterrir

nousta / laskea

## ville
## kaupunki

village

kylä

centre-ville

keskusta

maison

talo

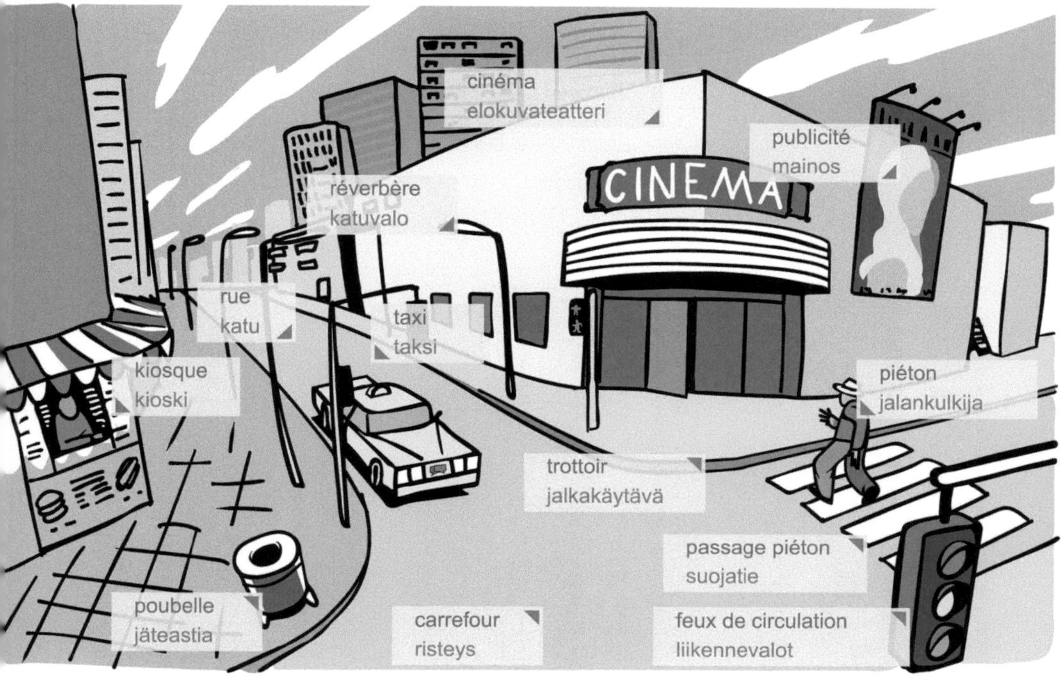

cinéma
elokuvateatteri

publicité
mainos

réverbère
katuvalo

CINEMA

rue
katu

taxi
taksi

kiosque
kioski

piéton
jalankulkija

trottoir
jalkakäytävä

passage piéton
suojatie

poubelle
jäteastia

carrefour
risteys

feux de circulation
liikennevalot

cabane

mökki

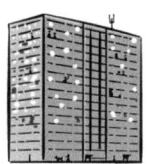

appartement

kerrostalo

gare

rautatieasema

mairie

kaupungintalo

musée

museo

école

koulu

université
yliopisto

banque
pankki

hôpital
sairaala

hôtel
hotelli

pharmacie
apteekki

bureau
toimisto

librairie
kirjakauppa

magasin
liike

fleuriste
kukkakauppa

supermarché
supermarketti

marché
tori

grand magasin
tavaratalo

poissonnerie
kalakauppias

centre commercial
ostoskeskus

port
satama

parc

puisto

banque

penkki

pont

silta

escaliers

portaat

métro

metro

tunnel

tunneli

arrêt de bus

linja-autopysäkki

bar

baari

restaurant

ravintola

boîte à lettres

postilaatikko

panneau indicateur

katukyltti

parcomètre

parkkimittari

zoo

eläintarha

réverbère

uimala

mosquée

moskeija

ferme

maatila

pollution

ympäristön saastuminen

cimetière

hautausmaa

église

kirkko

aire de jeux

leikkikenttä

temple

temppeli

## paysage
## maisema

feuille
lehti

panneau indicateur
tienviitta

chemin
tie

pré
niitty

pierre
kivi

arbre
puu

randonneur
retkeilijä

rivière
joki

herbe
ruoho

fleur
kukka

vallée
laakso

montagne
vuori

lac
järvi

forêt
metsä

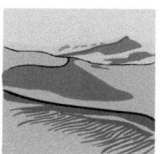

désert
aavikko

volcan
tulivuori

château
linna

arc-en-ciel
sateenkaari

champignon
sieni

palmier
palmu

moustique
hyttynen

mouche
kärpänen

fourmis
muurahainen

abeille
mehiläinen

araignée
hämähäkki

scarabée

kovakuoriainen

grenouille

sammakko

écureuil

orava

hérisson

siili

lapin

jänis

chouette

pöllö

oiseau

lintu

cygne

joutsen

sanglier

villisika

cerf

peura

élan

hirvi

barrage

pato

éolienne

tuulimylly

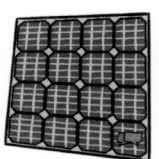

panneau solaire

aurinkopaneeli

climat

ilmasto

# restaurant
# ravintola

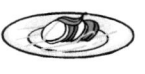

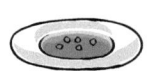

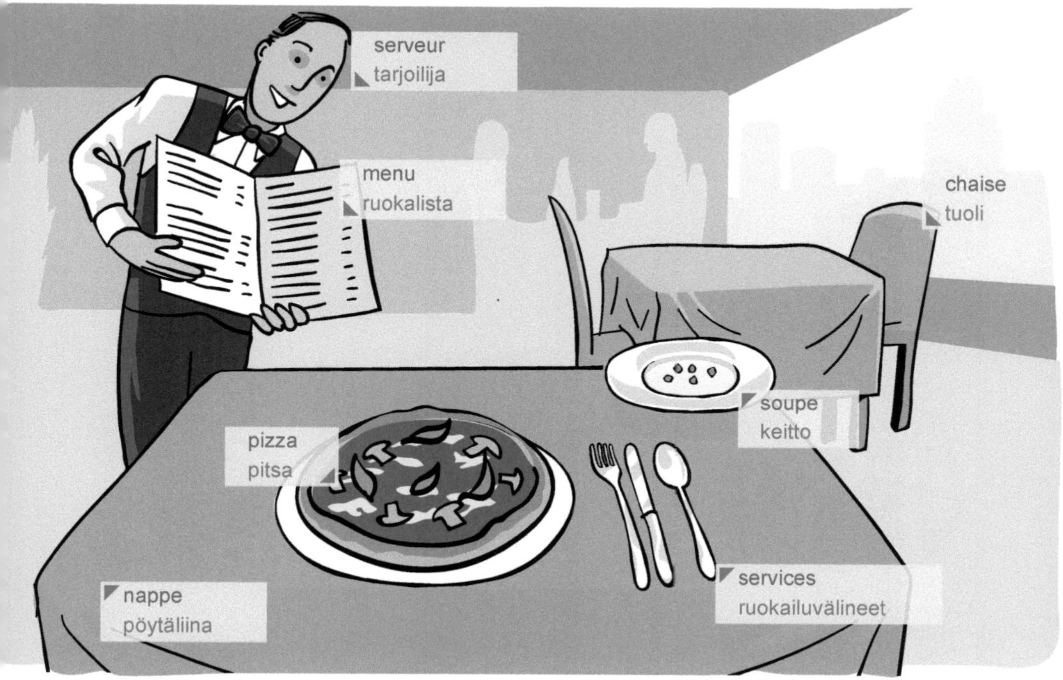
serveur
tarjoilija
menu
ruokalista
chaise
tuoli
soupe
keitto
pizza
pitsa
services
ruokailuvälineet
nappe
pöytäliina

hors d'œuvre

alkuruoka

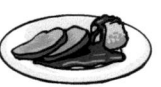

plat principal

pääruoka

dessert

jälkiruoka

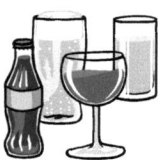

boissons

juomat

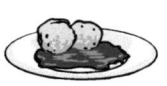

alimentation

ruoka

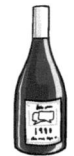

bouteille

pullo

fast-food

pikaruoka

plats à emporter

katuruoka

théière

teekannu

sucrier

sokeriastia

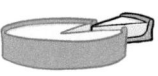

portion

annos

machine à expresso

espressokeitin

chaise haute

syöttötuoli

facture

lasku

plateau

tarjotin

couteau

veitsi

fourchette

haarukka

cuillère

lusikka

cuillère à thé

teelusikka

serviette

servietti

verre

lasi

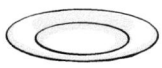

**assiette**
lautanen

**assiette à soupe**
syvä lautanen

**soucoupe**
aluslautanen

**sauce**
kastike

**salière**
suolasirotin

**moulin à poivre**
pippurimylly

**vinaigre**
etikka

**huile**
öljy

**épices**
mausteet

**ketchup**
ketsuppi

**moutarde**
sinappi

**mayonnaise**
majoneesi

# supermarché
## supermarketti

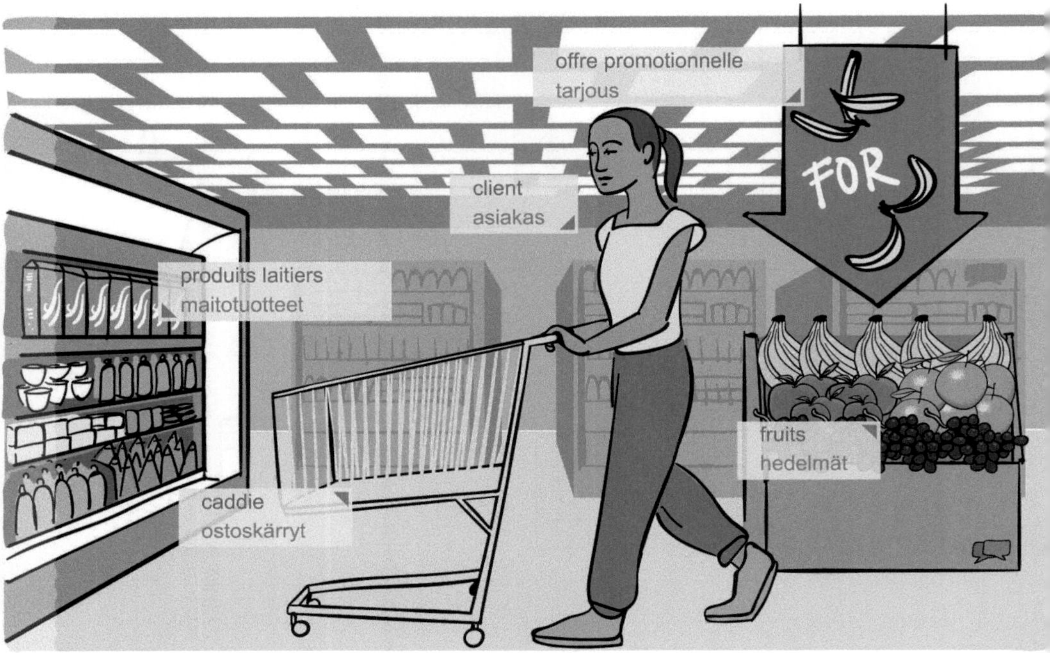

offre promotionnelle
tarjous
FOR
client
asiakas
produits laitiers
maitotuotteet
fruits
hedelmät
caddie
ostoskärryt

BUTCHERS

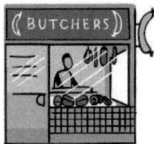

boucherie

teurastamo

BAKERY

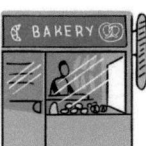

boulangerie

leipomo

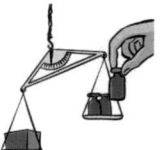

peser

punnita

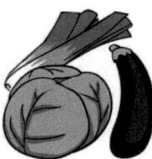

légumes

kasvikset

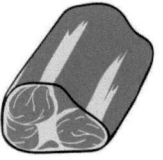

viande

liha

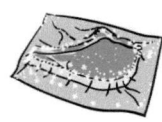

aliments surgelés

pakasteet

charcuterie
leikkele

conserves
säilykkeet

poudre à lessive
pesujauhe

bonbons
makeiset

articménagers
kotitaloustarvikkeet

détergents
puhdistusaineet

vendeuse
myyjä

caisse
kassa

caissier
kassanhoitaja

liste d'achats
ostoslista

heures d'ouverture
aukioloajat

portefeuille
lompakko

carte de crédit
luottokortti

sac
kassi

sac en plastique
muovipussi

eau

vesi

jus de fruit

mehu

lait

maito

coca

kokis

vin

viini

bière

olut

alcool

alkoholi

chocolat chaud

kaakao

thé

tee

café

kahvi

expresso

espresso

cappuccino

cappuccino

banane

banaani

pomme

omena

orange

appelsiini

melon

meloni

citron

sitruuna

carotte

porkkana

ail

valkosipuli

bambou

bambu

oignon

sipuli

champignon

sieni

noisettes

pähkinät

pâtes

spagetti

spaghettis

spagetti

riz

riisi

salade

salaatti

frites

ranskalaiset

pommes de terre rôties

paistetut perunat

pizza

pitsa

hamburger

hampurilainen

sandwich

voileipä

escalope

leike

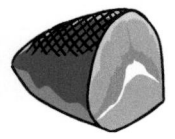

jambon

kinkku

salami

salami

saucisse

makkara

poulet

kana

rôti

paisti

poisson

kala

flocons d'avoine

kaurahiutaleet

muesli

mysli

cornflakes

murot

farine

jauho

croissant

voisarvi

petits-pains

sämpylä

pain

leipä

pain grillé

paahtoleipä

biscuits

keksit

beurre

voi

fromage blanc

rahka

gâteau

kakku

œuf

kananmuna

œuf au plat

paistettu kananmuna

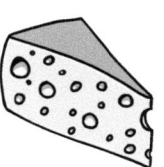

fromage

juusto

glace

jäätelö

sucre

sokeri

miel

hunaja

confiture

hillo

crème nougat

suklaapähkinälevite

curry

curry

# ferme
# maatila

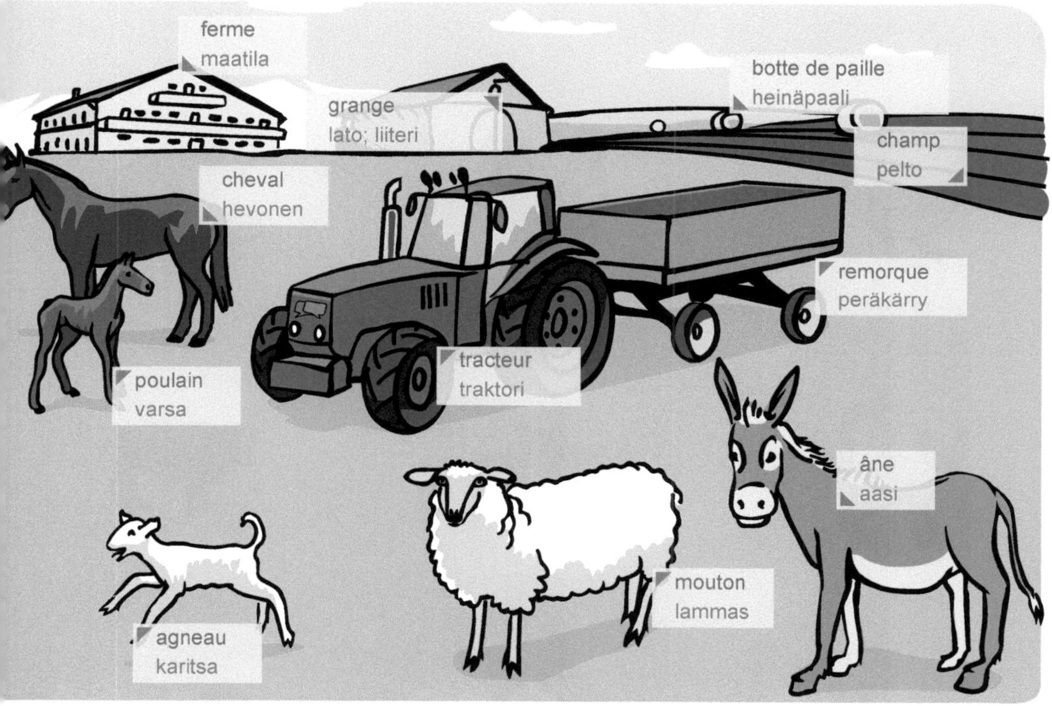
ferme
maatila
grange
lato; liiteri
botte de paille
heinäpaali
champ
pelto
cheval
hevonen
remorque
peräkärry
poulain
varsa
tracteur
traktori
âne
aasi
mouton
lammas
agneau
karitsa

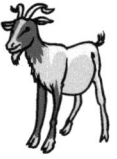

chèvre
vuohi

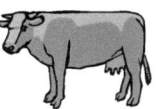

vache
lehmä

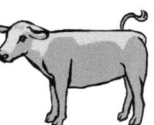

veau
vasikka

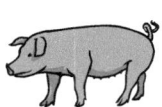

porc
sika

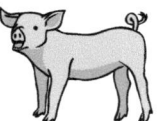

porcelet
porsas

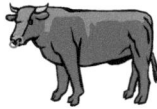

taureau
sonni

oie

hanhi

canard

ankka

poussin

tipu

poule

kana

coq

kukko

rat

rotta

chat

kissa

souris

hiiri

bœuf

härkä

chien

koira

chenil

koirankoppi

tuyau de jardin

puutarhaletku

arrosoir

kastelukannu

faucheuse

viikate

charrue

aura

faucille

sirppi

pioche

kuokka

fourche

talikko

hache

kirves

brouette

kottikärryt

cuve

kaukalo

pot à lait

maitokannu

sac

säkki

clôture

aita

étable

talli

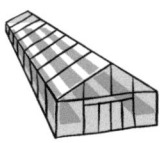

serre

kasvihuone

sol

maa

semences

siemen

engrais

lannoite

moissonneuse-batteuse

leikkuupuimuri

récolter

kerätä sato

récolte

sato

igname

jamssit

blé

vehnä

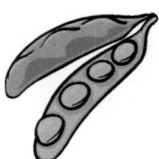

soja

soija

pomme de terre

peruna

maïs

maissi

colza

rypsi

arbre fruitier

hedelmäpuu

manioc

maniokki

céréales

vilja

# maison

# talo

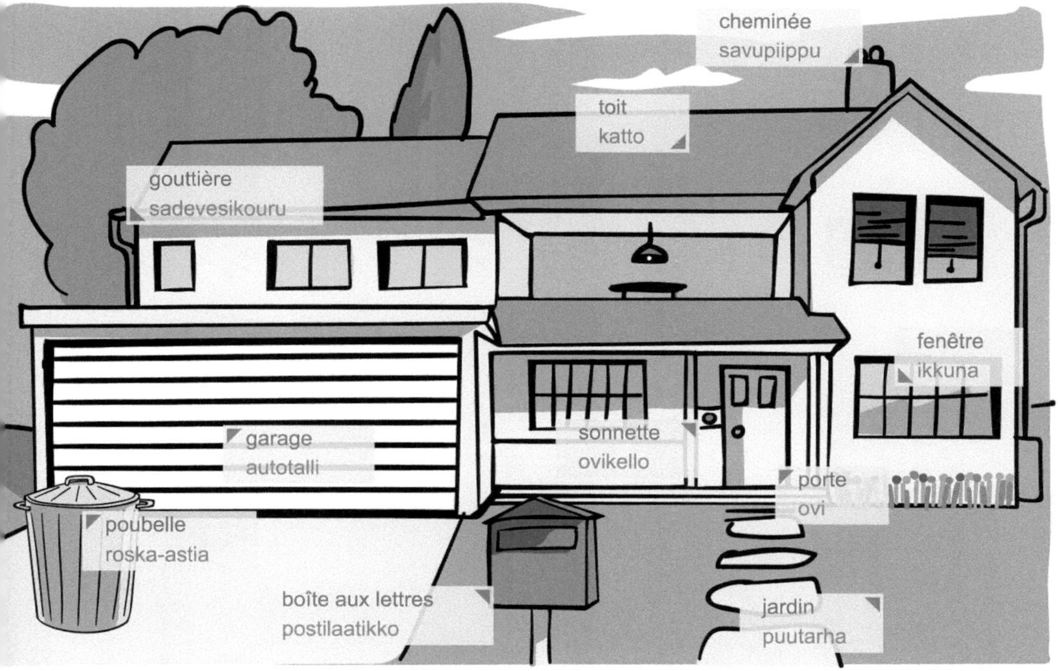
cheminée
savupiippu
toit
katto
gouttière
sadevesikouru
fenêtre
ikkuna
garage
autotalli
sonnette
ovikello
porte
ovi
poubelle
roska-astia
boîte aux lettres
postilaatikko
jardin
puutarha

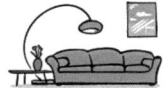

salon

olohuone

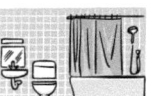

chambre de bain

kylpyhuone

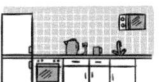

cuisine

keittiö

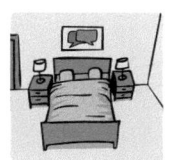

chambre à coucher

makuuhuone

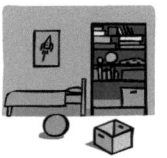

chambre d'enfant

lastenhuone

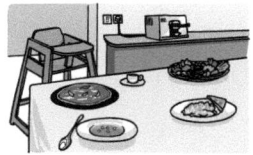

salle à manger

ruokahuone

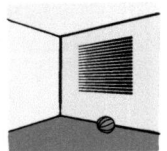

sol

lattia

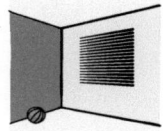

mur

seinä

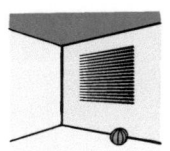

plafond

katto

cave

kellari

sauna

sauna

balcon

parveke

terrasse

terassi

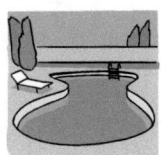

piscine

uima-allas

tondeuse à gazon

ruohonleikkuri

fourre de duvet

lakana

couette

päiväpeitto

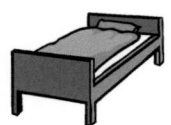

lit

sänky

balai

harja

sceau

ämpäri

interrupteur

katkaisin

# salon
# olohuone

papier peint
tapetti
image
kuva
lampe
lamppu
étagère
hylly
armoire
kaappi
télé
televisio
cheminée
takka
fleur
kukka
coussin
tyyny
canapé
sohva
vase
maljakko
télécommande
kaukosäädin

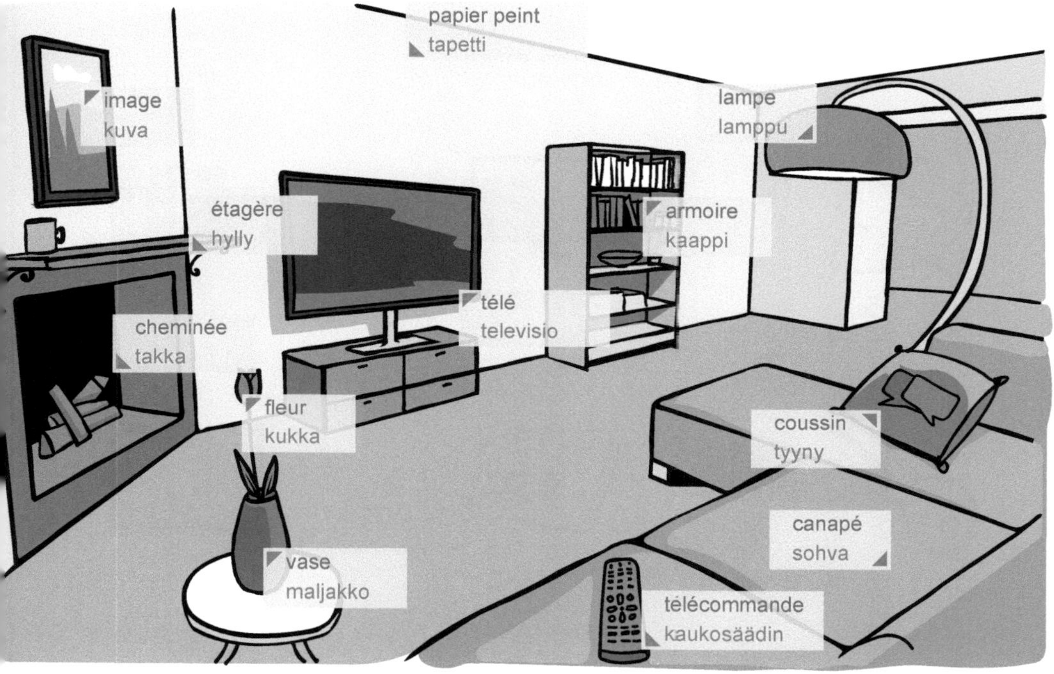

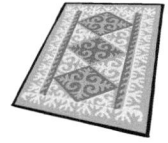

tapis

matto

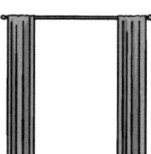

rideau

verho

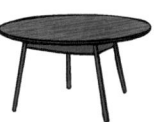

table

pöytä

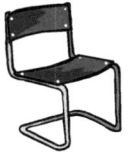

chaise

tuoli

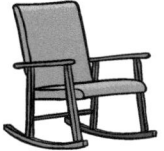

chaise à bascule

keinutuoli

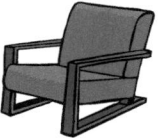

fauteuil

nojatuoli

livre

kirja

couverture

peitto

décoration

koriste

bois de chauffage

polttopuut

film

elokuva

chaîne hi-fi

stereot

clé

avain

journal

sanomalehti

peinture

maalaus

poster

juliste

radio

radio

bloc-notes

muistivihko

aspirateur

pölynimuri

cactus

kaktus

bougie

kynttilä

# cuisine
# keittiö

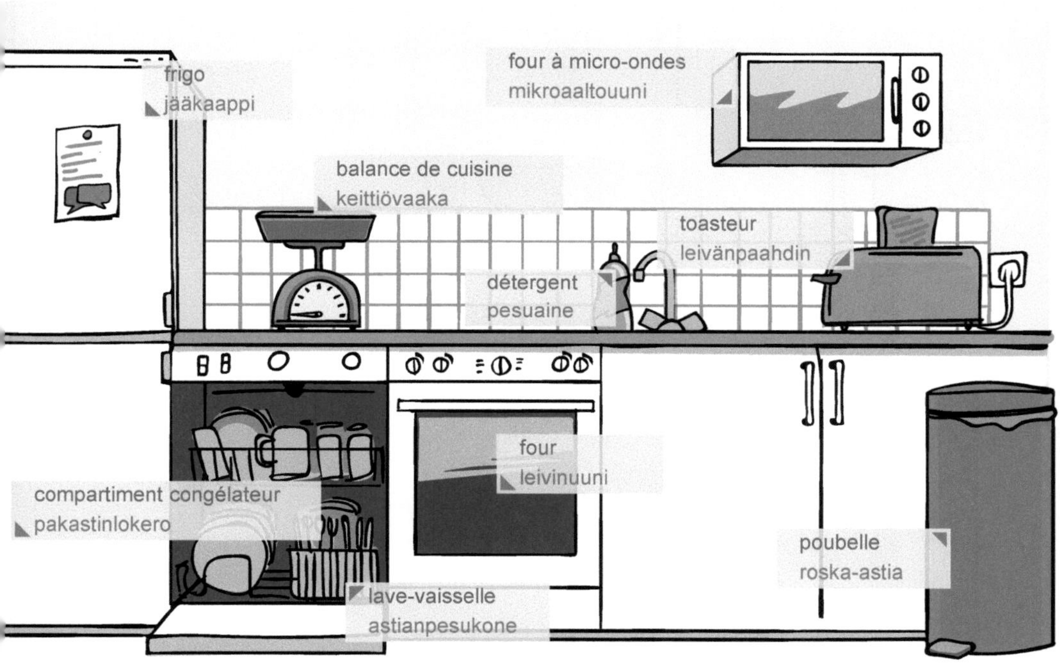
frigo
jääkaappi
four à micro-ondes
mikroaaltouuni
balance de cuisine
keittiövaaka
toasteur
leivänpaahdin
détergent
pesuaine
four
leivinuuni
compartiment congélateur
pakastinlokero
poubelle
roska-astia
lave-vaisselle
astianpesukone

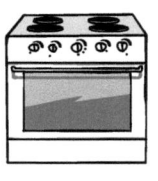

four

liesi

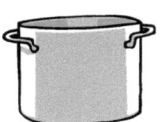

casserole

kattila

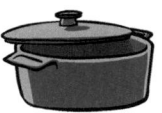

marmite

rautapata

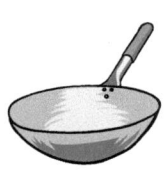

wok/kadai

vokkipannu / kadai-pannu

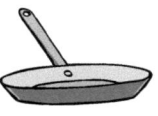

poêle

paistinpannu

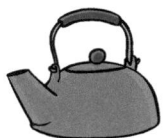

bouilloire électrique

teepannu

cuiseur vapeur

höyrykeitin

plaque de cuisson

uunipelti

vaisselle

astiat

gobelet

muki

bol

kulho

baguettes

syömäpuikot

louche

kauha

spatule

paistinlasta

fouet

vispilä

passoire

siivilä

tamis

siivilä

râpe

raastin

mortier

mortteli

barbecue

grilli

cheminée

avotuli

planche à découper

leikkuulauta

rouleau à pâtisserie

kaulin

tire-bouchon

korkinavaaja

boîte

purkki

ouvre-boîte

purkinavaaja

maniques

pannulappu

lavabo

lavuaari

brosse

tiskiharja

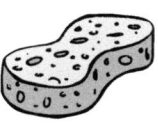

éponge

pesusieni

mixeur

tehosekoitin

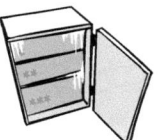

congélateur

pakastin

biberon

tuttipullo

robinet

vesihana

# chambre de bain
# kylpyhuone

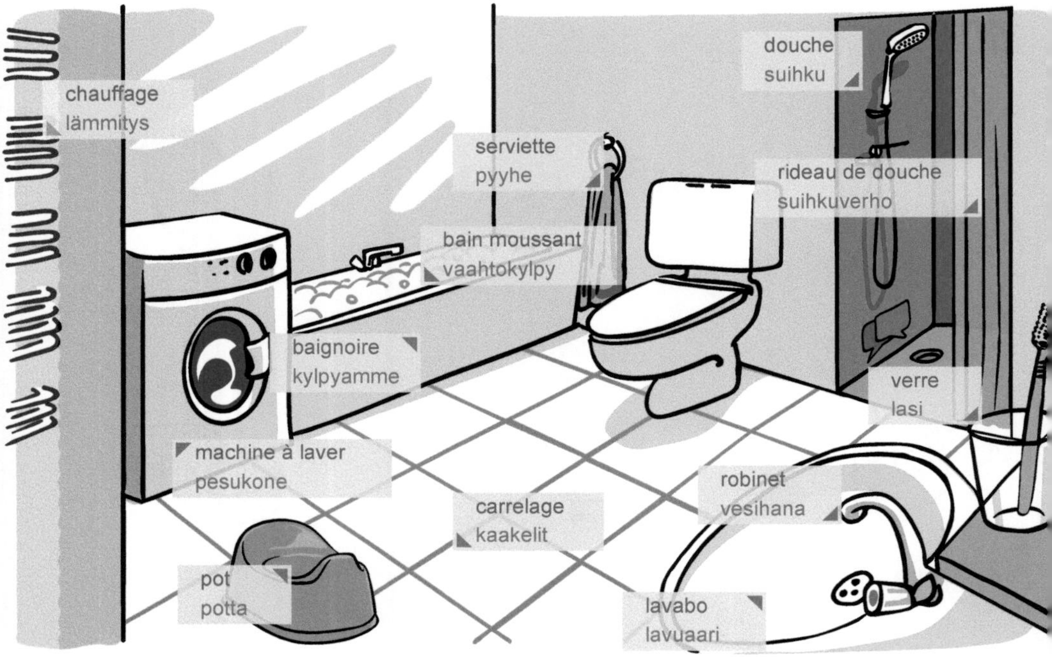

douche
suihku
chauffage
lämmitys
serviette
pyyhe
rideau de douche
suihkuverho
bain moussant
vaahtokylpy
baignoire
kylpyamme
verre
lasi
machine à laver
pesukone
robinet
vesihana
carrelage
kaakelit
pot
potta
lavabo
lavuaari


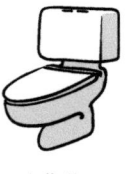

toilettes
vessa

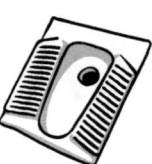

toilette à turque
kyykkyvessa

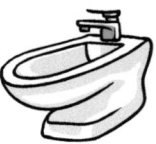

bidet
bidee

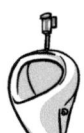

urinoir
pisuaari

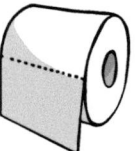

papier toilette
vessapaperi

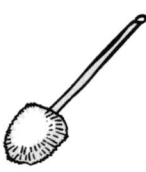

brosse à toilette
vessaharja

**brosse à dents**

hammasharja

**dentifrice**

hammastahna

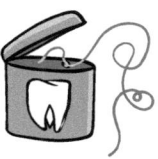

**fil dentaire**

hammaslanka

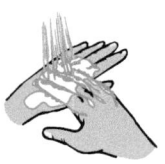

**laver**

pestä

**douche manuelle**

käsisuihku

**douche intime**

intiimisuihku

**vasque**

pesuvati

**brosse dorsale**

selkäharja

**savon**

saippua

**gel douche**

suihkugeeli

**shampooing**

shampoo

**gant de toilette**

pesulappu

**écoulement**

viemäri

**crème**

voide

**déodorant**

deodorantti

miroir
...................
peili

miroir cosmétique
...................
käsipeili

rasoir
...................
partaveitsi

mousse à raser
...................
partavaahto

après-rasage
...................
partavesi

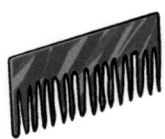

peigne
...................
kampa

brosse
...................
harja

sèche-cheveux
...................
hiustenkuivaaja

laque pour cheveux
...................
hiuslakka

fond de teint
...................
meikki

rouge à lèvres
...................
huulipuna

vernis à ongles
...................
kynsilakka

ouate
...................
pumpuli

coupe-ongles
...................
kynsisakset

parfum
...................
hajuvesi

trousse de toilette

kosmetiikkalaukku

tabouret

jakkara

balance

vaaka

peignoir

kylpytakki

gants de nettoyage

kumihansikkaat

tampon

tamponi

serviettes hygiéniques

terveysside

toilette chimique

kemiallinen wc

# chambre d'enfant

# lastenhuone

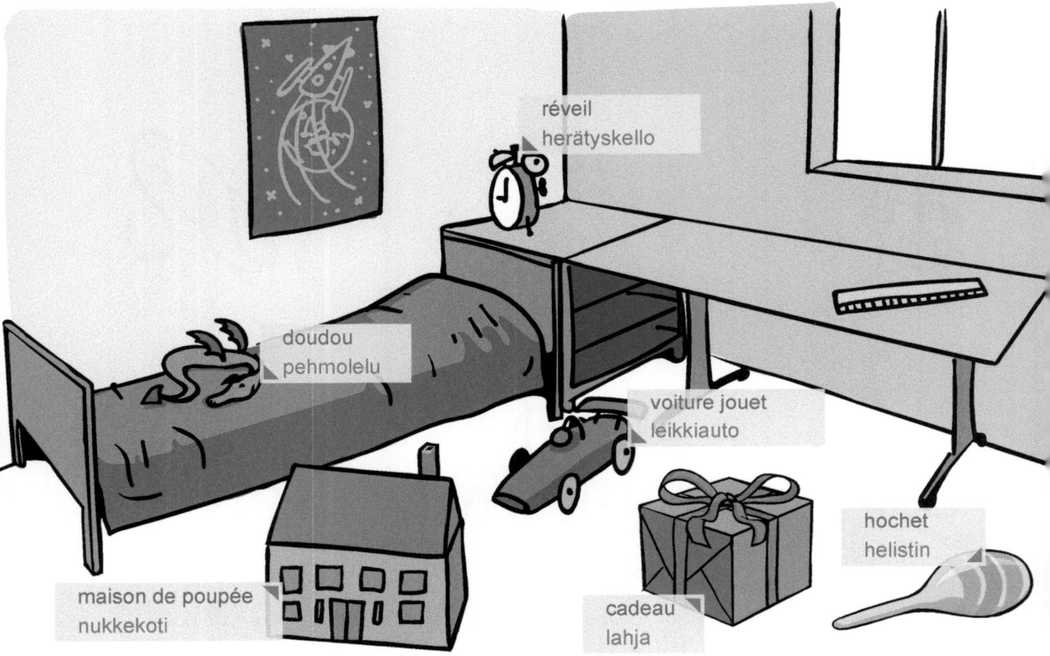
réveil
herätyskello
doudou
pehmolelu
voiture jouet
leikkiauto
hochet
helistin
maison de poupée
nukkekoti
cadeau
lahja

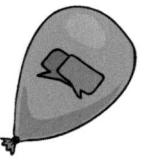

ballon

ilmapallo

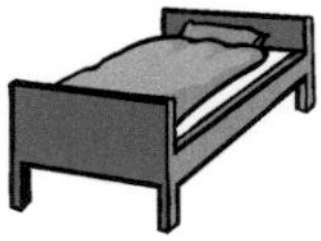

lit

sänky

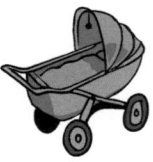

poussette

lastenvaunut

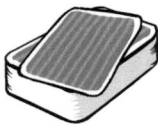

jeu de cartes

korttipeli

puzzle

palapeli

SUPER
MEGA

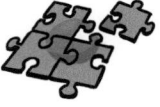

bande dessinée

sarjakuva

pièces lego

legopalikat

blocs de construction

rakennuspalikat

figurine

supersankari

grenouillère

potkupuku

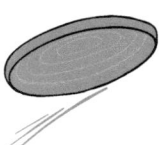

frisbee

frisbee

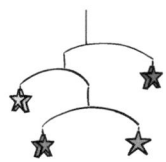

mobile

mobile

jeu de société

lautapeli

dé

noppa

train miniature

pienoisjunarata

sucette

tutti

fête

juhlat

livre d'images

kuvakirja

balle

pallo

poupée

nukke

jouer

leikkiä

bac à sable
............
hiekkalaatikko

balançoire
............
keinu

jouets
............
lelut

console de jeu
............
pelikonsoli

tricycle
............
kolmipyörä

ours en peluche
............
nalle

armoire
............
vaatekaappi

## vêtements
## vaatteet

chaussettes
............
sukat

bas
............
nylonsukat

collant
............
sukkahousut

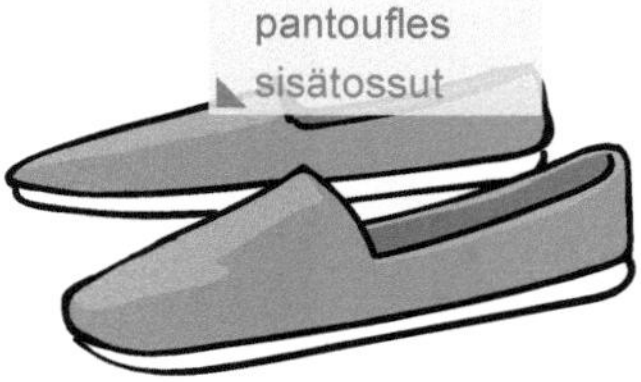

écharpe
kaulaliina

ceinture
vyö

parapluie
sateenvarjo

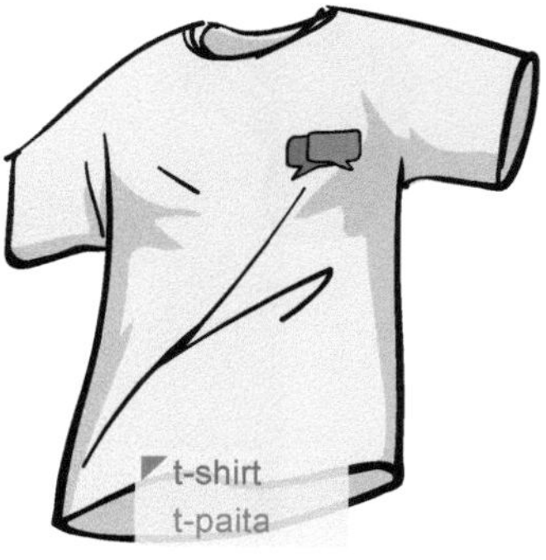

t-shirt
t-paita

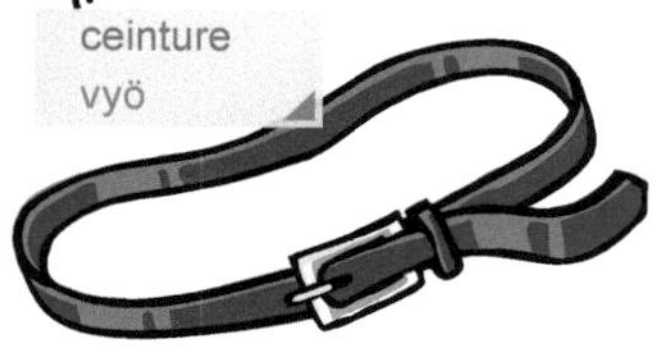

bottes
saappaat

pantoufles
sisätossut

baskets
lenkkarit

sandales
sandaalit

chaussures
kengät

bottes de caoutchouc
kumisaappaat

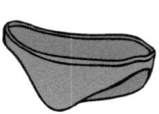
linge de corps
alushousut

soutien-gorge
rintaliivit

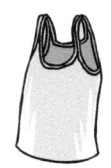
maillot de corps
aluspaita

body
body

pantalon
housut

jean
farkut

jupe
hame

chemisier
pusero

chemise
paita

pull
villapaita

pull-over à capuche
collegepaita

veste
jakku

veste
takki

manteau
takki

imperméable
sadetakki

costume
puku

robe
mekko

robe de mariée
hääpuku

costume
puku

chemise de nuit
yöpaita

pyjama
pyjama

sari
shari

foulard
päähuivi

turban
turbaani

burqa
burka

caftan
kaftaani

abaya
abaya

maillot de bain
uimapuku

costume de bain
uimahousut

cuissettes
shortsit

tenue d'entraînement
verkkarit

tablier
esiliina

gants
käsineet

bouton

nappi

lunettes

silmälasit

bracelet

rannekoru

collier

kaulakoru

bague

sormus

boucle d'oreille

korvakoru

bonnet

lippalakki

cintre

ripustin

chapeau

hattu

cravate

solmio

fermeture éclair

vetoketju

casque

kypärä

bretelles

henkselit

uniforme scolaire

koulupuku

uniforme

univormu

bavoir
ruokalappu

sucette
tutti

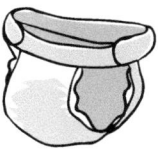

couche
vaippa

## bureau
## toimisto

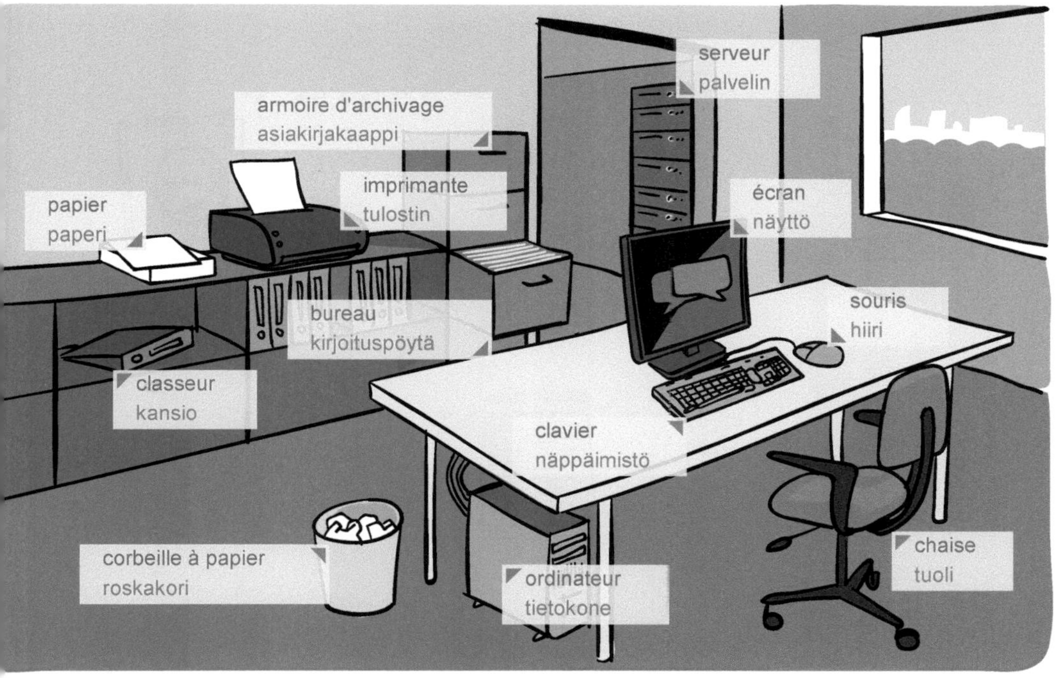

serveur
palvelin

armoire d'archivage
asiakirjakaappi

imprimante
tulostin

écran
näyttö

papier
paperi

bureau
kirjoituspöytä

souris
hiiri

classeur
kansio

clavier
näppäimistö

corbeille à papier
roskakori

chaise
tuoli

ordinateur
tietokone

tasse à café
kahvimuki

calculatrice
taskulaskin

internet
internet

ordinateur portable

kannettava tietokone

lettre

kirje

message

viesti

portable

kännykkä

réseau

verkko

photocopieuse

kopiokone

logiciel

ohjelmisto

téléphone

puhelin

prise

pistorasia

fax

faksi

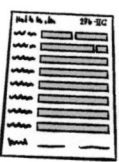

formulaire

lomake

document

asiakirja

acheter

ostaa

payer

maksaa

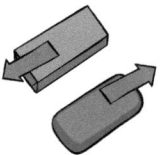

marchander

vaihtaa

monnaie

raha

dollar

dollari

euro

euro

yen

jeni

rouble

rupla

franc suisse

frangi

renminbi yuan

renminbi juan

roupie

rupia

distributeur automatique

pankkiautomaatti

bureau de change

rahanvaihto

or

kulta

argent

hopea

pétrole

öljy

énergie

energia

prix

hinta

contrat

sopimus

taxe

vero

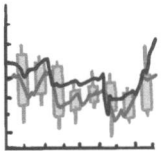

action

osake

travailler

työskennellä

employé

työntekijä

employeur

työnantaja

usine

tehdas

magasin

liike

# professions
# ammatit

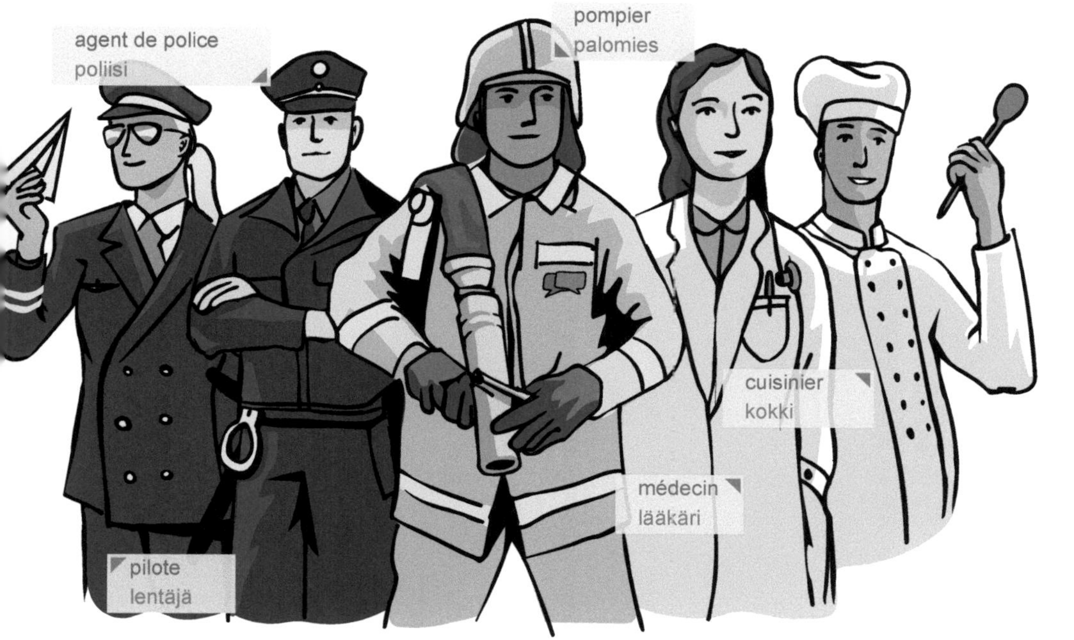
agent de police
poliisi
pompier
palomies
cuisinier
kokki
médecin
lääkäri
pilote
lentäjä

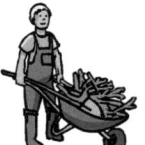

jardinier

puutarhuri

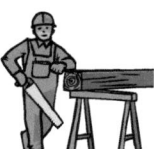

menuisier

puuseppä

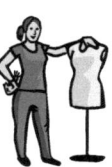

couturière

ompelija

juge

tuomari

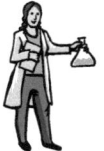

chimiste

kemisti

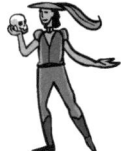

acteur

näyttelijä

conducteur de bus

linja-autonkuljettaja

chauffeur de taxi

taksinkuljettaja

pêcheur

kalastaja

femme de ménage

siivooja

couvreur

katontekijä

serveur

tarjoilija

chasseur

metsästäjä

peintre

maalari

boulanger

leipuri

électricien

sähköasentaja

ouvrier

rakentaja

ingénieur

insinööri

boucher

teurastaja

plombier

putkiasentaja

facteur

postinjakaja

soldat
............
sotilas

architecte
............
arkkitehti

caissier
............
kassanhoitaja

fleuriste
............
floristi

coiffeur
............
kampaaja

contrôleur
............
konduktööri

mécanicien
............
mekaanikko

capitaine
............
kapteeni

dentiste
............
hammaslääkäri

scientifique
............
tiedemies

rabbin
............
rabbi

imam
............
imaami

moine
............
munkki

prêtre
............
pappi

# outils
# työkalut

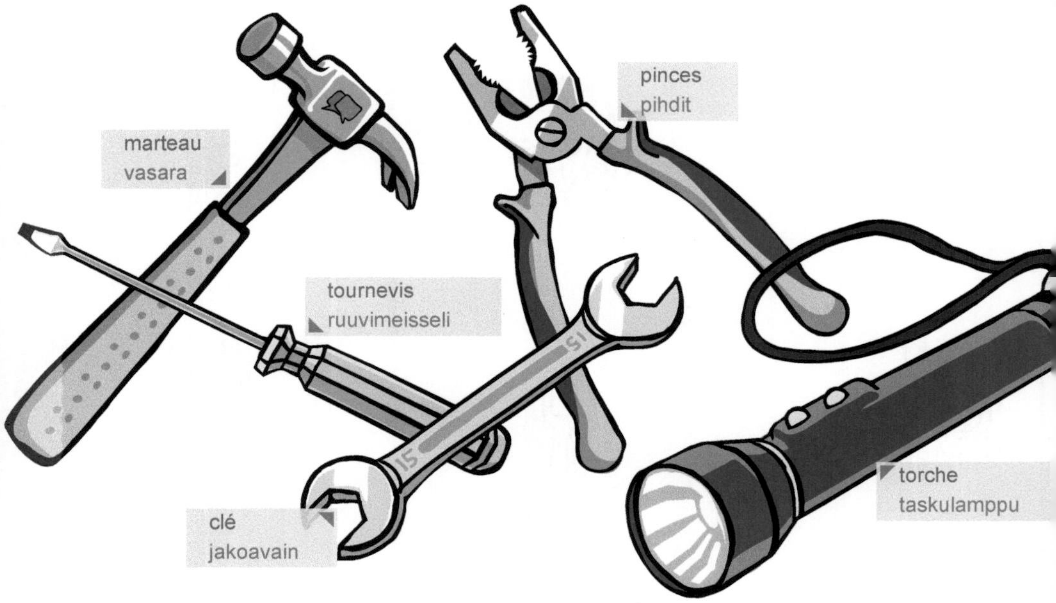

pinces
pihdit
marteau
vasara
tournevis
ruuvimeisseli
torche
taskulamppu
clé
jakoavain


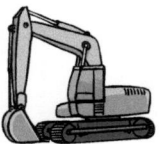

pelleteuse

kaivinkone

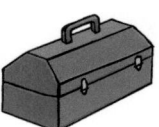

boîte à outils

työkalupakki

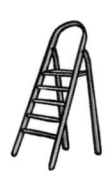

échelle

tikkaat

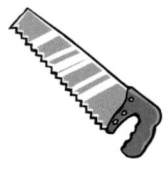

scie

saha

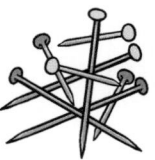

clous

naulat

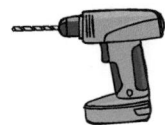

perceuse

pora

réparer

korjata

pelle

lapio

Mince!

Hitto!

pelle

rikkalapio

pot de peinture

maalipurkki

vis

ruuvit

## instruments de musique
## soittimet

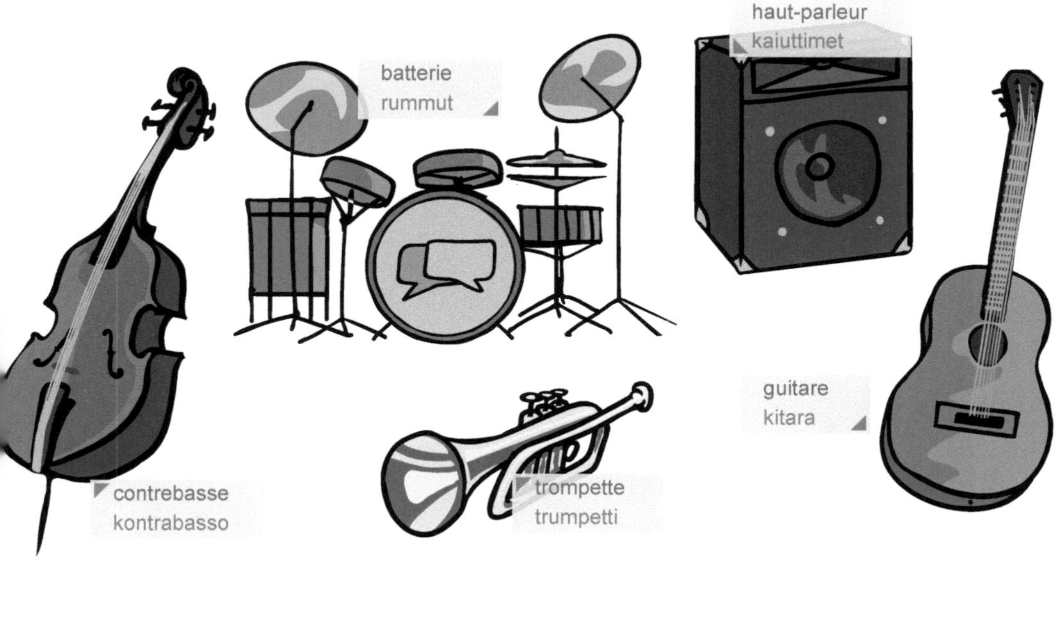

haut-parleur
kaiuttimet

batterie
rummut

guitare
kitara

contrebasse
kontrabasso

trompette
trumpetti

piano

piano

violon

viulu

basse

basso

timbales

patarummut

tambour

rumpu

piano électrique

kosketinsoitin

saxophone

saksofoni

flûte

huilu

microphone

mikrofoni

# ZOO
# eläintarha

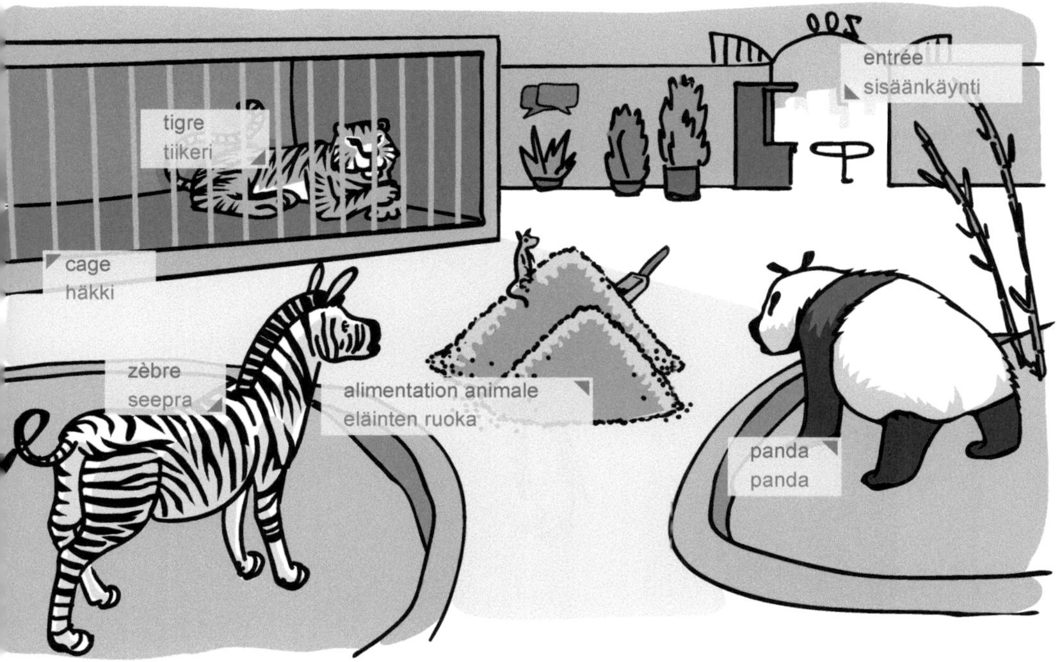
entrée
sisäänkäynti
tigre
tiikeri
cage
häkki
zèbre
seepra
alimentation animale
eläinten ruoka
panda
panda

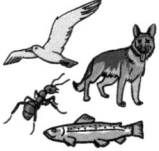

animaux

eläimet

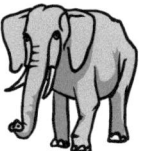

éléphant

norsu

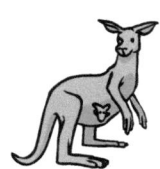

kangourou

kenguru

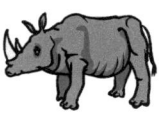

rhinocéros

sarvikuono

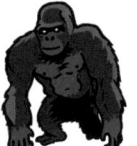

gorille

gorilla

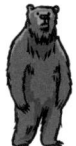

ours

karhu

chameau

kameli

autruche

strutsi

lion

leijona

singe

apina

flamand rose

flamingo

perroquet

papukaija

ours polaire

jääkarhu

pingouin

pingviini

requin

hai

paon

riikinkukko

serpent

käärme

crocodile

krokotiili

gardien de zoo

eläintarhanhoitaja

phoque

hylje

jaguar

jaguaari

poney
poni

léopard
leopardi

hippopotame
virtahepo

girafe
kirahvi

aigle
kotka

sanglier
villisika

poisson
kala

tortue
kilpikonna

morse
mursu

renard
kettu

gazelle
gaselli

american Football
amerikkalainen jalkapallo

cyclisme
pyöräily

tennis
tennis

basket-ball
koripallo

natation
uinti

boxe
nyrkkeily

hockey sur glace
jääkiekko

football
jalkapallo

badminton
sulkapallo

athlétisme
yleisurheilu

handball
käsipallo

ski
hiihto

polo
poolo

rire
nauraa

sauter
hypätä

embrasser
halata

marcher
kävellä

chanter
laulaa

rêver
unelmoida

prier
rukoilla

faire la bise
suudella

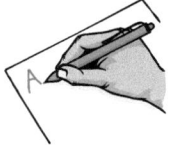

écrire

kirjoittaa

dessiner

piirtää

montrer

näyttää

pousser

painaa

donner

antaa

prendre

ottaa

avoir

omistaa

faire

tehdä

être

olla

être debout

seisoa

courir

juosta

trier

vetää

jeter

heittää

tomber

kaatua

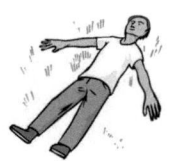

être couché

maata

attendre

odottaa

porter

kantaa

être assis

istua

s'habiller

pukeutua

dormir

nukkua

se réveiller

herätä

regarder

katsoa

pleurer

itkeä

caresser

silittää

peigner

kammata

parler

puhua

comprendre

ymmärtää

demander

kysyä

écouter

kuunnella

boire

juoda

manger

syödä

ranger

siivota

aimer

rakastaa

cuire

keittää

conduire

ajaa

voler

lentää

faire de la voile
purjehtia

calculer
laskea

lire
lukea

apprendre
oppia

travailler
työskennellä

se marier
mennä naimisiin

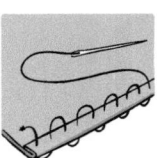

coudre
ommella

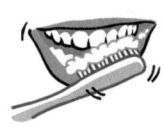

se brosser les dents
pestä hampaat

tuer
tappaa

fumer
tupakoida

envoyer
lähettää

grand-mère
mummo

grand-père
ukki

père
isä

mère
äiti

bébé
vauva

fille
tytär

fils
poika

hôte
vieras

tante
täti

oncle
setä

frère
veli

sœur
sisko

# corps
# vartalo

front
otsa
œil
silmä
épaule
olkapää
doigt
sormet
visage
kasvot
menton
leuka
main
käsi
jambe
jalka
poitrine
rinta
bras
käsivarsi

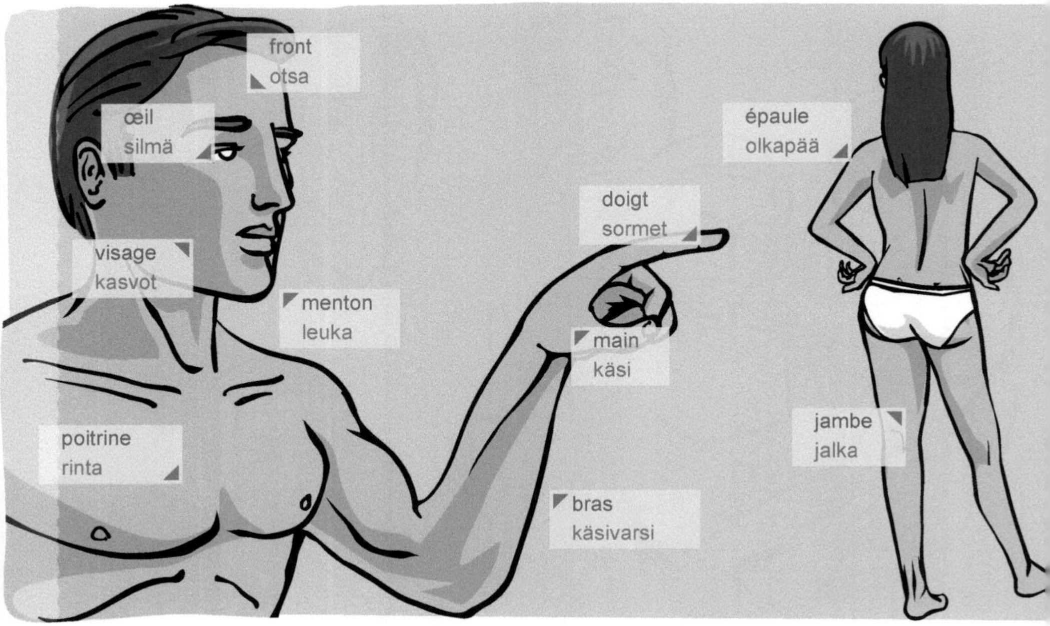

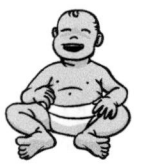

bébé

vauva

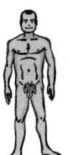

homme

mies

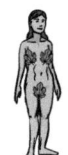

femme

nainen

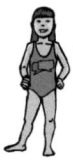

fille

tyttö

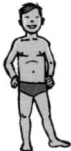

garçon

poika

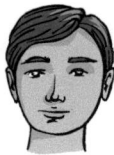

tête

pää

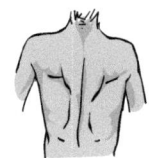

dos
selkä

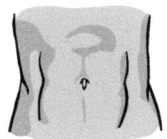

ventre
maha

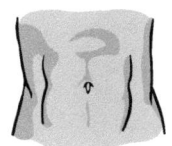

nombril
napa

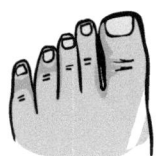

orteil
varvas

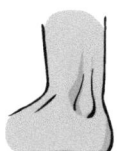

talon
kantapää

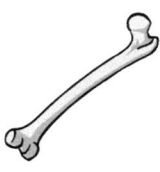

os
luu

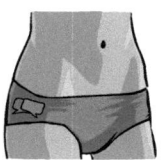

hanche
lantio

genou
polvi

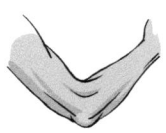

coude
kyynärpää

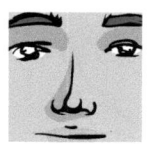

nez
nenä

fesses
takapuoli

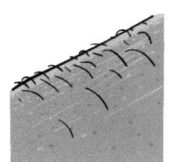

peau
iho

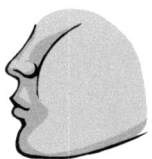

joue
poski

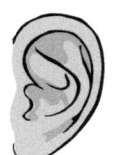

oreille
korva

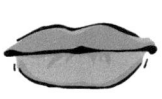

lèvre
huuli

bouche

suu

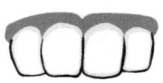

dent

hammas

langue

kieli

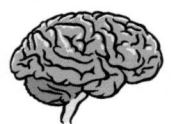

cerveau

aivot

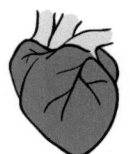

cœur

sydän

muscle

lihas

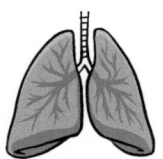

poumons

keuhkot

foie

maksa

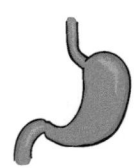

estomac

vatsa

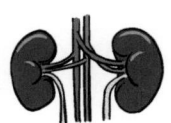

reins

munuaiset

rapport sexuel

seksi

préservatif

kondomi

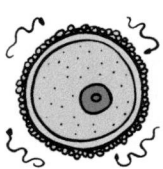

ovule

munasolu

sperme

sperma

grossesse

raskaus

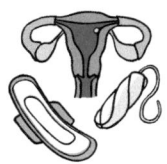

menstruation

kuukautiset

vagin

vagina

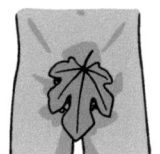

pénis

penis

sourcil

kulmakarvat

cheveux

hiukset

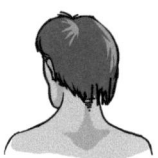

cou

niska

# hôpital
## sairaala

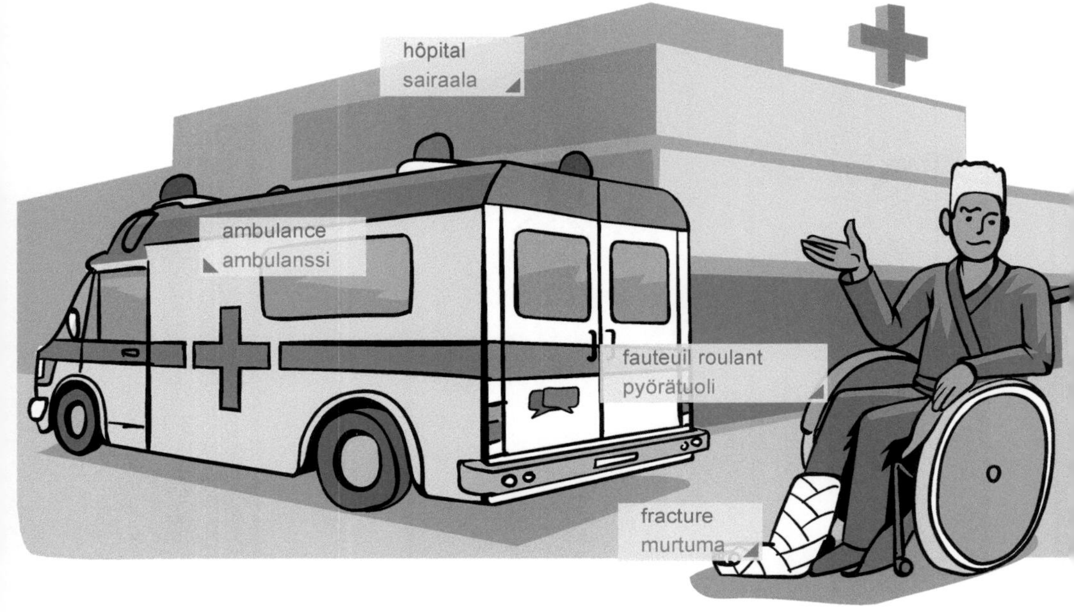

hôpital
sairaala
ambulance
ambulanssi
fauteuil roulant
pyörätuoli
fracture
murtuma


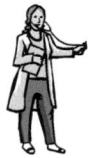

médecin

lääkäri

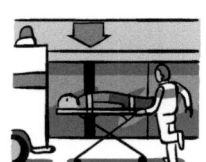

service des urgences

ensiapu

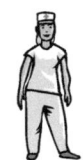

infirmière

sairaanhoitaja

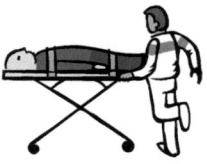

urgence

hätätilanne

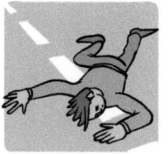

inconscient

tajuton

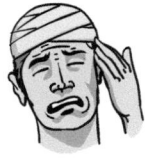

douleur

kipu

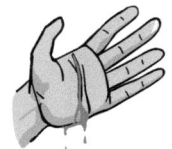

blessure

vamma

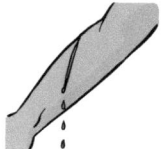

hémorragie

verenvuoto

crise cardiaque

sydänkohtaus

attaque cérébrale

aivoinfarkti

allergie

allergia

toux

yskä

fièvre

kuume

grippe

flunssa

diarrhée

ripuli

mal de tête

päänsärky

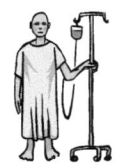

cancer

syöpä

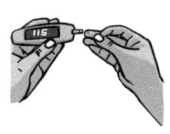

diabète

diabetes

chirurgien

kirurgi

scalpel

veitsi

opération

leikkaus

CT

ct

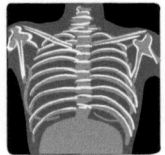

radiographie

röntgen

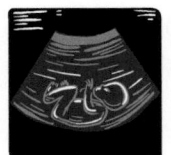

échographie

ultraääni

masque

maski

maladie

sairaus

salle d'attente

odotushuone

béquille

sauva

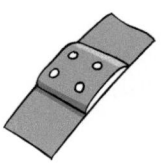

pansement

laastari

pansement

side

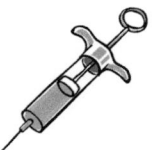

injection

pistos

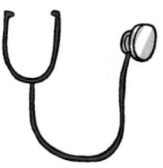

stéthoscope

stetoskooppi

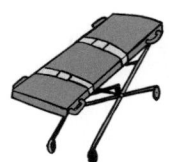

brancard

paarit

thermomètre

kuumemittari

accouchement

syntymä

surpoids

ylipaino

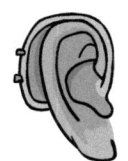

appareil auditif

kuulolaite

désinfectant

desinfiointiaine

infection

infektio

virus

virus

VIH / sida

HIV / AIDS

médicament

lääke

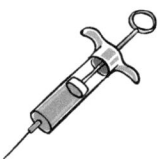

vaccination

rokotus

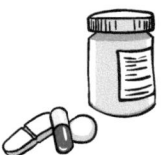

tablettes

tabletit

pilule

pilleri

appel d'urgence

hätäpuhelu

tensiomètre

verenpainemittari

malade / sain

sairas / terve

alarme

hälytys

agression

ryöstö

attaque

hyökkäys

danger

vaara

sortie de secours

hätäuloskäynti

Au secours!

Apua!

extincteur

palosammutin

accident

onnettomuus

Au feu!

Tulipalo!

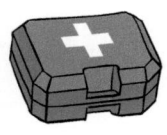

trousse de premier secours

ensiapulaukku

SOS

SOS

police

poliisilaitos

Europe

Eurooppa

Amérique du Nord

Pohjois-Amerikka

Amérique du Sud

Etelä-Amerikka

Afrique

Afrikka

Asie

Aasia

Australie

Australia

Océan atlantique

Atlantin valtameri

Océan pacifique

Tyynimeri

Océan indien

Intian valtameri

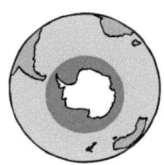

Océan antarctique

Eteläinen jäämeri

Océan arctique

Pohjoinen jäämeri

Pônord

pohjoisnapa

Pôsud
etelänapa

Antarctique
Antarktis

terre
maa

pays
maa

mer
meri

île
saari

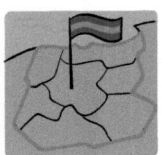

nation
kansa

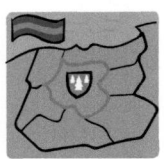

état
osavaltio

cadran
kellotaulu

aiguille des heures
tuntiviisari

aiguille des minutes
minuuttiviisari

aiguille des secondes
sekuntiviisari

Quelle heure est-il?
Paljonko kello on?

jour
päivä

temps
aika

maintenant
nyt

montre digitale
digitaalikello

minute
minuutti

heure
tunti

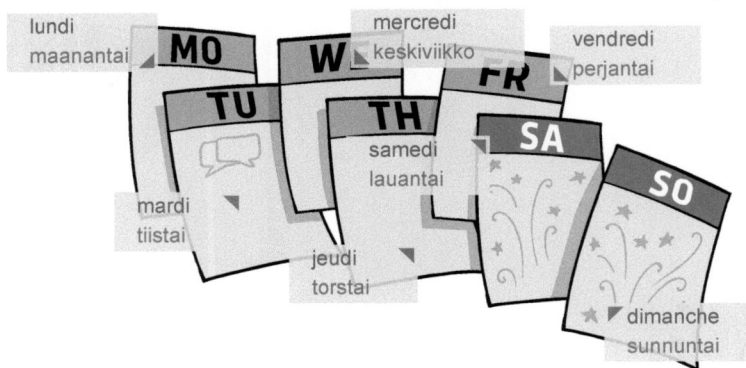

lundi
maanantai

mercredi
keskiviikko

vendredi
perjantai

mardi
tiistai

samedi
lauantai

jeudi
torstai

dimanche
sunnuntai

hier

eilen

aujourd'hui

tänään

demain

huomenna

matin

aamu

midi

keskipäivä

soir

ilta

| MO | TU | WE | TH | FR | SA | SU |
|----|----|----|----|----|----|----|
| 1 | 2 | 3 | 4 | 5 | 6 | 7 |
| 8 | 9 | 10 | 11 | 12 | 13 | 14 |
| 15 | 16 | 17 | 18 | 19 | 20 | 21 |
| 22 | 23 | 24 | 25 | 26 | 27 | 28 |
| 29 | 30 | 31 | 1 | 2 | 3 | 4 |

jours ouvrables

työpäivät

| MO | TU | WE | TH | FR | SA | SU |
|----|----|----|----|----|----|----|
| 1 | 2 | 3 | 4 | 5 | 6 | 7 |
| 8 | 9 | 10 | 11 | 12 | 13 | 14 |
| 15 | 16 | 17 | 18 | 19 | 20 | 21 |
| 22 | 23 | 24 | 25 | 26 | 27 | 28 |
| 29 | 30 | 31 | 1 | 2 | 3 | 4 |

week-end

viikonloppu

# année
# vuosi

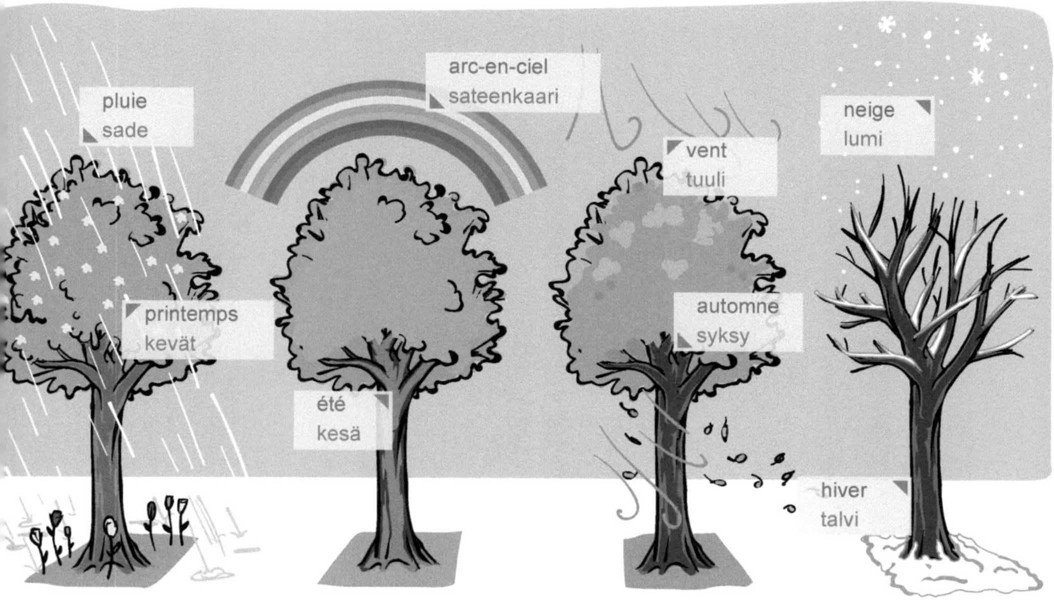

pluie
sade
arc-en-ciel
sateenkaari
vent
tuuli
neige
lumi
printemps
kevät
été
kesä
automne
syksy
hiver
talvi

4.APRIL 11°
5.APRIL 4°
6.APRIL 13°
7.APRIL 8°
8.APRIL 10°

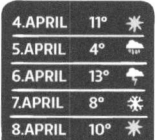

météo

säännuste

F C
120 40
90 30
60 20
30 10
0 0
-30 -10
-20

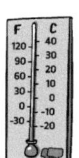

thermomètre

lämpömittari

lumière du soleil

auringonpaiste

nuage

pilvi

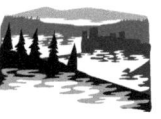

brouillard

sumu

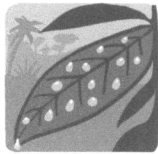

humidité

ilmankosteus

foudre
salama

tonnerre
ukkonen

tempête
myrsky

grêle
rae

mousson
monsuuni

inondation
tulva

glace
jää

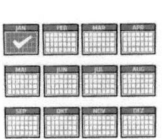

janvier
tammikuu

février
helmikuu

mars
maaliskuu

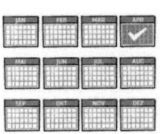

avril
huhtikuu

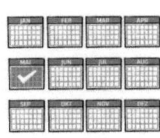

mai
toukokuu

juin
kesäkuu

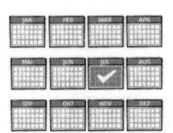

juillet
heinäkuu

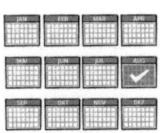

août
elokuu

année - vuosi

septembre
................
syyskuu

octobre
................
lokakuu

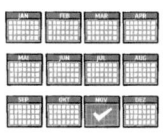

novembre
................
marraskuu

décembre
................
joulukuu

# formes
# muodot

cercle
................
ympyrä

carré
................
neliö

rectangle
................
suorakulmio

triangle
................
kolmio

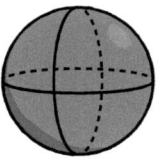

sphère
................
pallo

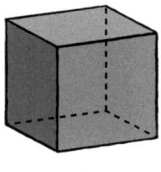

cube
................
kuutio

blanc
valkoinen

jaune
keltainen

orange
oranssi

rose
vaaleanpunainen

rouge
punainen

violet
violetti

bleu
sininen

vert
vihreä

marron
ruskea

gris
harmaa

noir
musta

beaucoup / peu

paljon / vähän

fâché / calme

vihainen / ystävällinen

joli / laid

kaunis / ruma

début / fin

alku / loppu

grand / petit

suuri / pieni

clair / obscure

vaalea / tumma

frère / sœur

veli / sisko

propre / sale

puhdas / likainen

complet / incomplet

täydellinen / epätäydellinen

jour / nuit

päivä / yö

mort / vivant

kuollut / elävä

large / étroit

leveä / kapea

comestible / incomestible

syötävä / syömäkelvoton

méchant / gentil

paha / kiltti

excité / ennuyé

innostunut / tylsistynyt

gros / mince

lihava / laiha

premier / dernier

ensimmäinen / viimeinen

ami / ennemi

ystävä / vihollinen

plein / vide

täysi / tyhjä

dur / souple

kova / pehmeä

lourd / léger

painava / kevyt

faim / soif

nälkä / jano

malade / sain

sairas / terve

illégal / légal

laiton / laillinen

intelligent / stupide

älykäs / tyhmä

gauche / droite

vasen / oikea

proche / loin

lähellä / kaukana

nouveau / usé

uusi / käytetty

rien / quelque chose

ei mitään / jotain

vieux / jeune

vanha / nuori

marche / arrêt

päällä / pois päältä

ouvert / fermé

auki / kiinni

faible / fort

hiljainen / äänekäs

riche / pauvre

rikas / köyhä

correct / incorrect

oikein / väärin

rugueux / lisse

karhea / sileä

triste / heureux

surullinen / iloinen

court / long

lyhyt / pitkä

lent / rapide

hidas / nopea

mouillé / sec

märkä / kuiva

chaud / froid

lämmin / viileä

guerre / paix

sota / rauha

**0**

zéro

nolla

**1**

un

yksi

**2**

deux

kaksi

**3**

trois

kolme

**4**

quatre

neljä

**5**

cinq

viisi

**6**

six

kuusi

**7**

sept

seitsemän

**8**

huit

kahdeksan

**9**

neuf

yhdeksän

**10**

dix

kymmenen

**11**

onze

yksitoista

**12**

douze

kaksitoista

**13**

treize

kolmetoista

**14**

quatorze

neljätoista

**15**

quinze

viisitoista

**16**

seize

kuusitoista

**17**

dix-sept

seitsemäntoista

**18**

dix-huit

kahdeksantoista

**19**

dix-neuf

yhdeksäntoista

**20**

vingt

kaksikymmentä

**100**

cent

sata

**1.000**

mille

tuhat

**1.000.000**

million

miljoona

anglais

englanti

anglais américain

amerikanenglanti

chinois mandarin

mandariinikiina

hindi

hindi

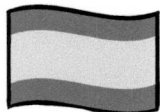

espagnol

espanja

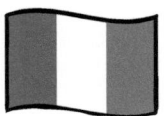

français

ranska

arabe

arabia

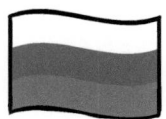

russe

venäjä

portugais

portugali

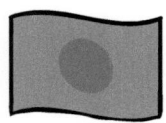

bengali

bengali

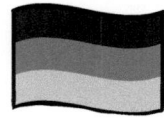

allemand

saksa

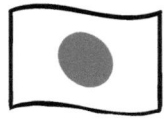

japonais

japani

je
................
minä

tu
................
sinä

il / elle
................
hän

nous
................
me

vous
................
te

ils / elles
................
he

qui?
................
kuka?

quoi?
................
mitä / mikä?

comment?
................
miten?

où?
................
missä?

quand?
................
milloin?

nom
................
nimi

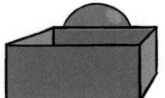

derrière

takana

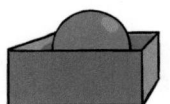

dans

sisällä

devant

edessä

au-dessus

yläpuolella

sur

päällä

en-dessous

alapuolella

à côté de

vieressä

entre

välissä

lieu

paikka